U0142112

路 與通行權、袋地解套

土地開發中通行權的實際案例分享

王啓圳、朱宏杰、陳尚宏———著

洪漢妮————————編

書泉出版社 印行

建築線是土地開發最基本也是水最深的地方。如果不懂土地和建築線的關係，就貿然買地開發，猶如不識水性就入海戲水，不是被抓交替，就是成為波臣。下水前，請先穿好救生衣，那就要先將這本書放在手邊，隨時研讀。

本書介紹了未開闢道路如何指定建築線，現有巷道與指定建築線之關係、私設道路能否指定建築線、共有土地如何指定建築線、交通用地或農業用地如何指定建築線。這些問題牽涉了非常複雜的法規，縱橫交錯，縱使是資深的建築師對之都無法充分掌握，何況是對建築法規一知半解的投資人，更遑論對土地建築的小白。凡事都要專業，但真正的專業是要多少的時間、忍耐和不斷精進才能累積得來，並不是有張牌就是專業。有能力的專業才是真正的專業，本書就是專業極致的表現。

在這個賺快錢的時代，還有人願意從事如此冷門卻又最重要的工作，為人專門解套建築線。還願意將其畢生的智慧結晶，在無數的清晨與深夜，在每日工作精疲力竭之餘，仍咬牙把一個又一個他人曾經遭遇過的痛苦經驗，加以分析、說明、提出對策，甚至出書與社會共享，如此有毅力和大公無私的精神，令人敬佩。讀其書，人品自在其中，讚嘆之餘，心嚮往之。如此的人，如此的書，不圖營利，非為虛名，只見真誠。有幸閱讀此書，有撥雲見日，相見恨晚之感。只要從事與土地、建築相關行業的人，不論是建商、仲介、土地開發業者、

公務人員，甚至律師、法官都應人手一冊隨時參考，因為它絕對是進入不動產領域的敲門磚。

政大法學博士
前高雄地方法院法官
法丞律師事務所所長

律師　陳樹村

　　經過了二年的討論、整理、補充，才將《路與通行權、袋
地解套：土地開發中通行權的實際案例分享》一書集結成冊。
其間包含有關建築、土地開發上，「路」有不同時期、不同態
樣的定義，本書原本想從歷史的時間軸來說「路與通行權」，
但又怕流於「掉書袋」的無聊梗，最後定調，是提供讀者們透
過本書可以增進「專業的話語權」為主。

　　尤其在114年國土計畫法將上場作怪之際，使得在土地開
發及利用上，更添加許多不確定性。專業人員如何在這兵荒馬
亂之際，在服務之時，給出合乎法規、適當的策略、方向，建
立起在土地使用上的品牌堡壘，以及與服務對象的信任。

　　然而，無論土地使用的法規如何的變化更迭，路與土地有
不變的依存關係。在現代地政的演進及民法法定通行權的立意
下，路與通行權已經是一體兩面的並存。而且，以最簡單的普
世價值：一塊地，有沒有路，一定直接影響著土地的價值。以
民法而言，路即是在討論是否有通行權（或公共地役關係）；
以行政法而言，路即是在定義，是否可以指出建築線。

　　故本書即在討論，或者說是以案例來介紹，路與通行權在
建築、土地的開發、使用、買賣時，應該面對的陷阱、法規以
及已經積非成是的錯誤概念。由於皆是實際案例，又在土地使
用上，建築與其他的開發條件是連動的。如：畸零地的認定、
退縮地的尺寸、總樓高、總容積樓地板面積、特定建築的存

在、土地變更使用時的態樣（如可變更交通用地）、可否購買國有地……等，從是否要設置停車位，到產創專區的變更，路是否可以指建築線以及透過指定建築線的過程等，確定土地使用強弱，在本書中，也會有提綱挈領的討論。

　　本書案例皆是三位作者已經完成或是分析過的。因此，圖文中的個資皆已經做適當簡化，或是反揭露的動作。如與讀者們有人、事、地的雷同，一定是純屬巧合，請勿按圖索驥。因為，每一個案例中，與法規在程序上及實體上所碰撞出的問題，又筆者們如何以現在的法規，循序漸進的解決問題，才是重點。

　　這是一本集合了許多人的努力才成冊的書。漢妮小姐不厭其煩的修整編排；牧邑顧問楊小姐所帶領的女子兵團，對作者們遲交稿件時的威脅利誘，以及那些一直支持我們的讀者。說真的，若非以上的各位，在從事高壓工作的筆者們根本沒有動力整理、書寫這些既燒腦又傷神的書。

　　請各位在看完書本之後，持續地給我們指正及建議，這才是筆者們最大的獲得。

建築師　王啓圳

　　我與王建築師相識在數年前。當時我去參加未登記工廠輔導的進修課程，授課人之一就是王建築師，我在臺下，王建築師在臺上。那堂課非常紮實，果眞隔行如隔山，一堂 3 小時的課程如醍醐灌頂，受益匪淺。

　　以我敝俗的個性，學生身分的我定是上完課就如其他同學般離席，但王建築師的學識與實務經驗，實在豐沛滿溢，我太想與他認識交流，課後上前去遞了名片，這就開始了我與他之間的緣分。

　　後來我們各自在工作崗位上努力著，沒有什麼聯絡，因爲領域不同，只是偶爾從別人那聽說王建築師辦的案子。

　　就這樣過了一、二年，有天我接到王建築師打來的電話，他有個案子遇到了一些法律問題，我的經驗正好派上用場，自此我們又聯絡上了。

　　那通電話之後，我們開始互相交流在工作上遇到的難題。我處理的土地案件遇到建築相關困境，詢問王建築師後，總能迎刃而解。果眞術業有專攻，不同行業處理上有一些竅門，或許沒有很複雜，但知道這些眉眉角角，對事情的處理有非常大的效用，運用彼此的專業知識相互協助，一加一大於二。

　　某天，王建築師突然對我說：「朱律，來和我一起出一本書吧！」既然我們在實務上遇到這麼多相關問題，那其他人也

同樣會遇到啊，把一些眉角或是要注意的事項抓出來，或許能幫助其他人也說不定。

是啊！雖然寫書這件事，我實在太不擅長了。我最常講一句話：「我只會寫狀，不會寫文章。」但是王建築師出書的意想，是好的、是善的。

我與他的緣分始於多年前那一堂午後的課，接續於數不清的土地案件中，我們都從各自的身上學到跨領域的知識。為何不把這樣善的循環延續下去呢？

會不會哪一天，有一個讀者，或許是您，遇到了問題，翻閱這本書時得到了解答，便不會走冤枉路，也不會走錯路。如此，我在忙碌的工作之餘擠出時間書寫，甚而挑燈夜戰，絞盡腦汁所組織的文字，便都值得了。

土地問題繁多且廣，我只是一名執業律師，因緣際會，剛好接觸比較多土地案件。我的所知所學無法像大海般廣且深，但仍希望能給予在土地問題上跟踵難行的讀者一些幫助，如同我與王建築師之間的緣分，一張名片、一通電話、一本書，生活中不經意的小事，創造無限可能。

誠業聯合事務所

律師　朱宏杰

目錄

第 4 章　建築法相關之道路　　195

第 5 章　案例解析　　　245

土地經營的第一步，找到對的「路」

人生必取的「經」

由於我從事的工作是高壓性的業務，所以事前要做充分的準備，在執行或應對時也常常是驚心動魄的速度。然而，速度愈快，心需要愈慢。永遠都要去明白，「什麼」是自己人生必取的「經」，才能訂出方向，才能遇到路上重要的人（悟空、豬八戒、沙僧……），才能知道哪些路上，哪些妖怪是需要面對的。

在內部兵馬倥傯，又要面對外界環境劇烈變化，還要將《NG 土地開發即刻救援》（本書作者前一本著作，五南圖書出版社）出版完成，真的是懸梁刺股、嘔心瀝血。走到一半時我也懷疑，為什麼要這麼辛苦？為什麼要出這本書？土地開發業界原本就暗潮洶湧，令人霧裡看花，很難因為誰的努力，就可以讓這個環境變得更好。

當時靜下來後，原本疲憊的心明白了一些事，才又開始正面起來。出版那本書，不是為了「出一本書」，而是要釐清地產業界疊床架屋的法規、風險密布的行政處分，以及似是而非的觀念。

定好方向之後，很幸運的，路上遇到了一起走的奇人異士，也一起決定了，要如何面對的火炎山上的鐵扇公主及牛魔王。經過一年的努力，看來這一關是過了。而且，大夥的能力也在這個打怪過關的過程，慢慢累積。

　　《NG 土地開發即刻救援》是一本由失敗的經驗以及判斷所集結而成、想要幫忙土地從業人在經營土地上能成功的書，其中蒐羅面對錯綜複雜的法規制約時，不同的解題方向。很感謝各方人士的支持、指教，令我們收獲更多，也更進一步的思考，該書的功能是否有不足之處。

　　經過二版二刷之後，綜合了很多讀者回饋，大眾對於「路」，在土地、建管的專業領域中，眾說紛紜且似是而非。而在我的專業日常中，由於面對土地變更、農地工廠，甚至是家族傳承土地價值的認定，幾乎皆是由是否有路、路是否可指建築線開始，所以本書是要試著與讀者一起，來把「路」看清楚，如下：

1. 公告的道路。
2. 計畫道路。
3. 公路。
4. 有公用地役關係的既成道路。
5. 沒有公用地役關係的既成道路。
6. 可指建築線的現有巷道。
7. 不可指建築線的現有巷道。
8. 私設通路。
9. 基地內通路。
10. 類似通路。
11. 法定通路權。
12. 袋地通行權。
13. 開路通行權。

　　未來的「路」真的很重要，希望大家在未來，都明白何為自己必取的「經」，都找到對的路。

開瓶的藝術

　　一瓶酒在尚未開瓶前，她的風韻氣息、口感味脈，只能依經驗猜測，只能暗自推敲。無法用理性的邏輯，揣摩感性的傳說。即使昨夜才與相同年分、產區、甚至相同酒莊的酒，共渡一宿；在面對新的一瓶，又是面對美麗的未知，以及可能的錯誤而忐忑不安。

　　而如何開瓶？不同的酒，用不同的工具、適當的力道、相應合的歷史文化，所產生程序、餐桌上的禮儀，皆是引領人了解、品嚐、體現一瓶酒。其風姿采韻的開始，若沒有恰如其分的知識、遊刃有餘的經驗，以及駕輕就熟的姿勢，倘以錯誤的方式開啓一瓶酒，可能會將一盅瓊漿玉液，搞成殘汁敗酤。醉不成歡，無趣掃興。

　　在土地開發、築地成塔的專業中，也是如此。每一塊土地，皆像一瓶等待人們品嚐欣賞的金樽杜康。醞釀已久，且封存多時。其中的美酒，要開瓶之後，才能輕啜其妙，一親芳澤。這時，就需要有一位熟稔土地相關法規、政府行政流程，以及身經百戰的開發者（酒侍）。從八方目賞這塊地的樣態，深入其中，並左右推測，才能在評估風險之後，將土地的本質，鍥要的提出，才能循序漸進，敘情明理，引人入勝。

　　面對土地的開發，若無法成為一位技術嫻熟的酒侍，就得找一位經驗老到的酒商，請他操刀，開封一塊土地的神祕。

請他帶您走入風采萬千的土地世界，也請他在一開始，即用對的知識、方式，將一塊地的美妙，汲引而出。如此，美酒的氣味，才能飄香三日，綿綿不絕。

族繁不及備載的建築線態樣

　　幾乎所有的土地開發行為，最先需要確定的，就是建築線與基地的關係。建築線的不同位階，會影響建築物的高度、畸零地的檢討、特定建築、土地利用的強度……等。

　　以下就建築線類型，分為幾個大項：

1. 計畫道路與現有巷道的關係。
2. 既成道路如何公告成現有巷道。
3. 綠地（綠帶）如何指定建築線。
4. 未開闢計畫道路指定建築線。
5. 有公用地役關係，但不能指定建築線。
6. 水圳加蓋通行權指定建築線。
7. 私設通路指定建築線。
8. 不需指定建築線，但又可以建築。
9. 地籍套繪錯誤，如何指定建築線。
10. 共管土地如何指定建築線。
11. 交通用地如何指定建築線。
12. 農業用地如何指定建築線。

　　指定建築線的態樣，族繁不及備載。又因為法規的限制，產生的問題，罄竹難書。以上 12 項建築線的分類，大約概括70%的建築線的形式，請大家參考。

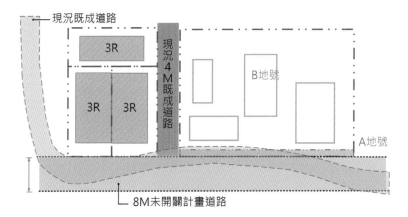

圖 0-1

指定建築線的戰略需知

　　近年來，在服務「非企業主」的經驗中，發覺個人客戶群中，有一些新的狀況發生。即是：「在網路上蒐集資料的人太多，且皆是道聽塗說。」這樣的情況，甚至造成一些無法挽救的損失，或者導致了一些傷筋動骨的結果。

　　一般大眾在觀念上，常常「被」誤導最大的，即是「建築線」。如何判斷基地可不可以指定建築線、或如何在指定建築線時，設定對自己有利的策略。

　　這是連武林高手，都需要「剉著等」的功課。但網路上的訊息卻是千奇百怪，瞎子摸象……。

　　如何判斷基地面前道路是否可指定建築線，有三個基本的條件：

1. 只有二種面前道路，在行政法位階上，可以指定建築線。

　(1) 經公告的道路。

⑵ 有「公用地役權關係」的現有巷道。

2. 基地地界與面前道路，需臨接或重疊。

3. 民法第 820～826 條「共有物」關係的各項利弊，需考慮。

又如何在指定建築線時，擬定對自己最有利的策略：

1. 要清楚各地建管自治條例：如畸零地、雙面臨道路、道路截角等的檢討方式。

2. 建築技術規則有關「面前道路寬度」以及「建築物高度」的規定。

3. 以私設通路指定建築線，有分「基地外私設通路」及「基地內通路」二者，千萬不要混淆。

說實在話，當您了解要蓋一棟建築，有多少法規需要面對時，除了噁心、想吐，您還可能會有二種反應：

1. 還是不要了解的好。

2. 可憐哪！臺灣的建築師們。

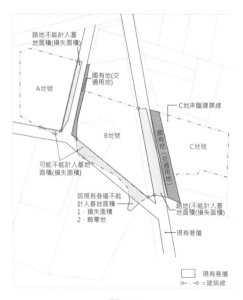

圖 0-2

保證是廉價的，您要的是證明

透天厝一直是南部購屋或購地自建的常見物件。因此，市場上換屋族偏好透天厝產品，再加上最近危老政策，使老透天的交易量，有明顯增長。

老屋新蓋的案量增多，有二件危險問題又隨之浮現：一為法定空地套繪；二為合照問題。最近來找我們的業主，因為不懂法規，常常買到不能蓋房子的土地。大概每個人都這樣說，「誰誰誰跟他保證，這塊地一定可以申請建照」，或者是他們在網路上，聽說這樣子的老屋，是可以重建的。常常搞得我兩眼發白、口吐白沫。

在購買舊透天時，要如何分辨該物件是否為他人的法定空地，其方法如下：

1. 查看地籍謄本，在土地所有權部的其他登記事項部分，是否有標明「部分法定空地」。
2. 到建管處補發竣工圖（請原宿主提供），反推建蔽、容積率。
3. 查無套繪證明。

該如何判斷，透天厝連棟式住宅是否為「合照」，其方法如下：

1. 若是社區型透天，查看竣工圖「面前道路」，是否為「私設通路」，且未計入法定空地面積。
2. 一照多戶就是「合照」。
3. 若非一照一戶，地籍分割需要在 75 年以前就完成。

我知道，各位在買地購屋的時候，因為怕建築師收費太貴，所以總是不會詢問建築師。但也不要聽信他人的「保證」，

在地產這件事上，「保證」是廉價的，您要的是「證明」。唯有官方文件才是交易時，申請建築時的通行護照，請參考下方三張圖。

檔　　號：
保存年限：

屏東縣政府　函

地址：00(
承辦人：
電話：80
傳真：80

受文者：蔡　　君(代理人　　　　君)

發文日期：中華民國110年　月　日
發文字號：屏　　　　　號
速別：普通件
密等及解密條件或保密期限：
附件：

主旨：有關台端函詢本縣萬丹鄉　　　　　地號土地事項，經查本府建築管理資訊系統，旨揭地號至函復日止查無申辦建築執照相關資料，惟本府前業授權各公所辦理核發建築執照業務，是所詢請逕洽轄管公所，復請查照。

說明：復台端110年　月　日掛號之申請書。

正本：蔡　　君(代理人　　　　君)
副本：本府城鄉發展處建築管理科

縣長　潘孟安

本案依分層負責規定授權業務主管決行

第1頁，共1頁

圖 0-3

檔　號：
保存年限：

屏東縣萬丹鄉公所　函

地址
承辦人：
電話：08
傳真：08

受文者：許　　君

發文日期：中華民國110年　月　日
發文字號：萬　　　　　號
速別：普通件
密等及解密條件或保密期限：
附件：

主旨：有關台端函詢所有座落於本鄉　　　　　地號(重劃前：社
　　　皮段　　　地號)1筆土地，有無建築物套繪乙案，復如
　　　說明，請查照。

說明：

一、復台端110年　月　日申請書。

二、經查，本所現存資料無旨揭地號建築執照資料，惟該筆
　　土地現況實際使用情形仍應查詢屏東縣政府或依地政事
　　務所相關資料為準。

正本：許　君
副本：本所建設課

本案依分層負責規定授權業務主管決行

第1頁，共1頁

圖 0-4

圖 0-5

不要讓建築的限高，限制了開發

在地產開發以及經營的過程中，建築的高度大部分來自於都市計畫容積率的極限，及建築面前道路的寬度。所以在這個議題上，大部分的人皆以為，在建築設計的階段再來面對即可。

但其實不然，建築高度限制有很多，有以下幾種：

1. 軍事限高。

2. 都市計畫土地使用管制。

3. 建築物面前道路寬度（A/S）。

4. 私設通路寬度。

5. 飛航管制高度。

6. 農業設施高度限制。

7. 都計內農業區容許使用高度。

8. 配合文化設施高度。

9. 山坡地高度限制。

　　尚有其他隱藏版，如高鐵禁限建、捷運地上權等，都可能有限高的問題。以上這些限制，不是建築師可以解決的，需要在購地置產時即調查清楚，且做明確的財務試算。

　　「地產開發，生死之地，存亡之道，不可不察也！」

學費

　　最貴的「學費」，絕對不是帳面的那一筆。而是因為「接受一些缺陷的模式，以及不正確的資訊」後，所作出的錯誤判斷，導致難以挽救的結果。也因為回天乏術，若硬要回天，強渡關山，必定所費不貲，更是勞民傷財。

　　可以計算的風險，是投資；不可以計算的風險，是賭博。投資自己，能有系統地面對風險，有能力的計算風險，對一塊地的影響程度、範圍、時間等，應該是、絕對是，一位土地從業人員，一生懸命的事。

　　何謂風險，如下。

　　您所開發的土地，是否為以下條件：

1. 可否指定建築線？

2. 是否為山坡地？

3. 是否有限高？

4. 是否是退縮建築線區域？

5. 是否有地質敏感區？

6. 是否爲禁限建範圍？

7. 是否爲整體開發區？

8. 是否爲法定空地？

9. 是否有農地套繪問題？

10. 是否爲水利設施影響範圍？

　　這些限制只是冰山一角，在我清查土地系統中，單清查一塊土地，就有 87 項風險項目是必須要了解清楚。如此，一塊土地才能夠進入決定是否適合開發；如此，才能將風險量化，而且在不同風險管控階段，才能找出對應的資源、對應的策略，解決問題。

　　其中有浩瀚的專業知識、龐大的法規競合邏輯。最重要的，也是最基本的，是要有「常識」知道上哪找資料。例如到公開的政府網站或單位，「撈」到可以供正確判斷的「資料」，進而成爲有用的資訊，並且控管風險，超前部署。公開的資料有很多，如何找到，又如何判斷，是進入土地經營的第一步。

　　若這一步不清楚，所要繳的「學費」，將難以計算。

公路

千金難買早知道

　　Jo 桑經過千辛萬苦、百轉千迴之後，終於買到 A 地，並且順利將 A 地依法由農牧用地，變更成乙種建築用地。看來柳暗花明、撥雲見日。

建築線有問題

　　但在申請建築時，才發覺舊省道（面前道路）的寬度，由 25 公尺縮減爲 18 公尺，以至於 A 地成了未臨建築線的基地。瞬時間勝利的樂章，換成了悲鳴的交響曲。

前方道路土地為特定目的事業用地

　　然而福無雙至，禍不單行。當以爲可以租用國有地來作爲基地的出入使用時，又因爲前方道路土地地目是「特定目的事業用地」，而非交通用地，同時又是原編。這樣的情況就像原本已躺在地上奄奄一息，卻又被補了一槍。

　　當 Jo 桑來找我們時，在他簡單說明情況後，我認爲這應屬於昏迷指數 5 左右，雖命懸一線，但非藥石罔效。

問題更大的在這裡

　　當我看到 A 地謄本便直覺反應，這附近有斷層帶，而且是地動地滑區。於是連上中央地調所的資料系統，調出了 A 地的資料。這下，不只禍不單行，恐怕連神仙都難救了。

　　這 A 地完完全全、且正中靶心地，坐落在有活動紀錄的斷層帶上。如此幾乎可以判定，A 地已屬於「機能性」的死亡，變成植物人了。因為「實施區域計畫地區建築管理辦法」規定，A 地只能是二層樓以下的建築。

　　說真的，這種情況下，A 地確實沒有值得開發的理由，因為沒有人會想要買「在地震帶上面的房子」；或是賣了，也是有「瑕疵物擔保」。

　　耗費重金買了一塊地，又千辛萬苦變更的土地，結果卻不能使用，真是太可惜，不得不慎。

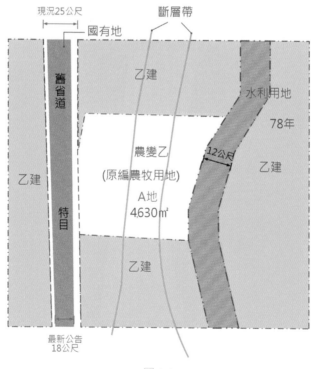

圖 1-1

專案解析

　　道路土地是指為特定目的事業而使用的土地，通常由公務部門或私人所有。這些土地根據法律的規定和相應的行政程序進行審查，並進一步轉變為特定目的的使用，稱為「特目」土地。

　　本案在道路寬度縮減後，導致基地沒有臨接建築線。若道路土地為交通要地（國有地），可以直接向國有財產署申請讓售，困難度應該不高。但由於它是軍方所持有，要軍方申請解除原編，移交給國有財產署之後，才能申請讓售。故其困難度又更高了。

斷層帶問題

• 實施區域計畫地區建築管理辦法第 4-1 條

　　活動斷層線通過地區，當地縣（市）政府得劃定範圍予以公告，並依下列規定管制：

1. 不得興建公有建築物。
2. 依非都市土地使用管制規則規定得為建築使用之土地，其建築物高度不得超過二層樓、簷高不得超過 7 公尺，並限作自用農舍或自用住宅使用。
3. 於各種用地內申請建築自用農舍，除其建築物高度不得超過二層樓、簷高不得超過 7 公尺外，依第 5 條規定辦理。

• 地質法第 8 條

1. 土地開發行為基地有全部或一部位於地質敏感區內者，應於申請土地開發前，進行基地地質調查及地質安全評估。但緊急救災者不在此限。

2. 前項以外地區土地之開發行為，應依相關法令規定辦理地
　　質調查。

　　雖然地質敏感並非限制或禁止土地開發，但是要做的
基地地質調查及地質評估的所費不貲，又各縣市政府在不同
時期的審察委員組成，觀念又皆不同，所以幾乎沒有套路可
依、規則可循。

　　面對這類土地，務必要謹慎以對，小心行事。

大成若缺才是土地開發的藝術

　　K 先生在外經商，事業已成。回到南部想要以自己的力量，
建設鄉里，回饋鄉梓。這樣的人在他運籌帷幄時，身邊不乏有
能人異士，為其出謀劃策。

　　B 地總共有 1.1 甲的「鄉乙建」，乍看之下是沒有臨建築線
的建地，是被 A、C 擋到的「袋地」。

　　其中 A 地是有百人以上持分的共有土地，有部分則是「無
人繼承」的非國有土地。C 地為國有「水利用地」，同時也是「特
定農業區」。

　　幾年前在市場上，B 地已經被傳得沸沸揚揚，但沒人有機
會出手，或者應該說沒有人「有能力」拿下這塊地。使得 B 地
被誤認為是一塊無法解套的土地，漸漸地也就乏人問津了。

　　當 K 先生就 B 地來詢問我的意見時，我告訴他以上的故
事。他便問，是否有解套的可能？我這樣回答他。

　　「8 公尺縣道是『現況』，但不一定所有的縣道都是 8 公
尺。一定要問主管機關之後，才能確定這一段縣道的寬度。若

是 12 公尺寬的縣道，那建築線一定會吃到 B 地，如此 B 地即有臨建築線了。」

再者，「水利用地」可以申請「專案讓售」後，再變更為「甲種建築用地」。若不行，也可以申請「架橋通行」，如此就能做「私設通路」，供建築使用。

K 先生說：「其他人都說不行，但你說可以，那應該就可以⋯⋯。」於是，他買下了 B 地。再經 10 個月的努力後，建築執照已經核准。

K 先生說：「王建，一定要請你喝兩杯，大大的慶祝，因為我們破除了不可能的『傳說』。」

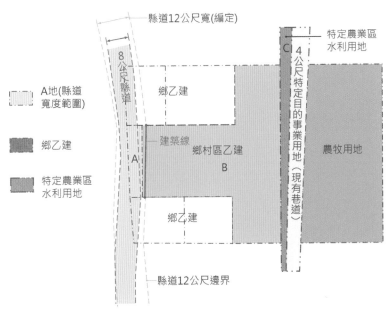

圖 1-2

　　我說：「您讓我休息幾天吧！因為破除不可能傳說，還真的很累。」

　　老實說，就因為 B 地有「缺陷」，一直待價而沽，才有機會取得這塊土地，而且這個案子解套過程的知識含金量很高。然而，大成若缺，其用不弊。

專案解析

　　大部分人所看到的路寬、路界，不是「建築線」的寬度及邊界。尤其當基地面臨公路法所規定的「公路」時，其不同路段，有不同的寬度，可說是變幻莫測！

　　若在開發土地時，遇到公路，一定要有道路主管機關的證明，載名該基地前面公路的路寬，才能有參數作攻守的依樣。

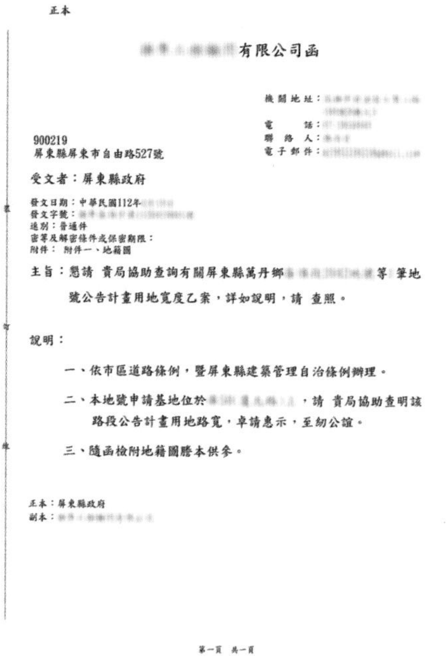

圖 1-3

圖 1-4

作孽無數或功德無量

　　全臺的工業用地，經前幾年的熱絡交易後，現在市場上可用且合理價格的用地，已經是僧多粥少。若要選在新興工業聚落附近，如南科、仁武、岡山附近的可用基地，更是少之又少。於是一些奇奇怪怪的土地紛紛出籠、粉墨登場，也常常攪動一池春水。

　　A 地是都市計畫區的工業用地，在該區的都市計畫發布前，已經建築完成，是屬於蓋好蓋滿的舊建築。拆完舊建築之

後，這塊地又拿出來待價而沽。基地寬 9.1 公尺，東臨一南北向 12 公尺計畫道路，加上現況爲區域大排的「綠帶」。看是美好的土地，但卻暗藏玄機。

有一企業主很喜歡這塊地，想購置來擴廠，因爲基地長約 150 公尺，很適合他的生產線（8 公尺寬）的配置，精簡實用。所以他馬上下了斡旋金，有如箭在弦上，蓄勢待發。

然而，因爲東臨現況爲大排的「綠帶」，無法做人行步道，在法規上需退 4 公尺才能建築；也就是在退縮建築之後，廠房最寬約爲 5 公尺。

業主說：「但南邊的那間工廠，是緊臨『綠帶』新建建築，並沒有退縮 4 公尺啊！」

我回：「因爲那工廠旁的是『綠帶兼人行道』，而且已經鋪設人行道，所以不需退縮建築。」

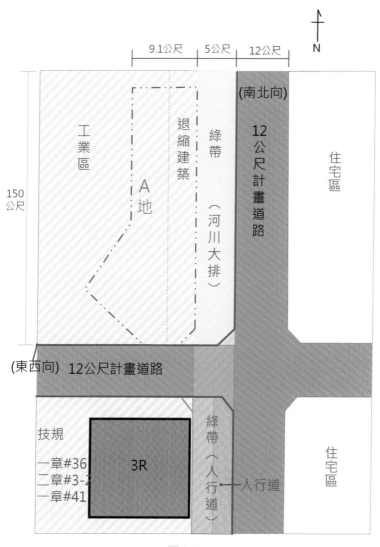

圖 1-5

看來我又活生生地，拆散一筆交易了。到底我是作孽無數，還是功德無量呢？

建築技術規則第一章第 36 款、第 41 款，第二章第 3-2 條。請準確服用，以免徒增困擾。

專案解析

• 建築技術規則總則編第 3 條

1. 建築物之設計、施工、構造及設備，依本規則各編規定。但有關建築物之防火及避難設施，經檢具申請書、建築物防火避難性能設計計畫書及評定書向中央主管建築機關申請認可者，得不適用本規則建築設計施工編第三章、第四章一部或全部，或第五章、第十一章、第十二章有關建築物防火避難一部或全部之規定。

2. 前項之建築物防火避難性能設計評定書，應由中央主管建築機關指定之機關（構）、學校或團體辦理。

3. 第 1 項之申請書、建築物防火避難性能設計計畫書及評定書格式、應記載事項、得免適用之條文、認可程序及其他應遵循事項，由中央主管建築機關另定之。

4. 第 2 項之機關（構）、學校或團體，應具備之條件、指定程序及其應遵循事項，由中央主管建築機關另定之。

5. 特別用途之建築物專業法規另有規定者，各該專業主管機關應請中央主管建築機關轉知之。

　　請不要小看綠帶在基地旁的影響力，以上三條法規所變化出來的建管條件，有明有晴，地雷密布。在處理這類相關土地之前，建議一定要先找當地，且有經驗的建築師諮商，才能穩操勝算。

失之毫釐，差之千里

　　二年前，當「特定工廠」方興未艾時，有一工廠業主要我們幫忙擬定他的特定工廠「開發意見書」。其中有一項，是要將 A 地與 B 地所夾雜的「特定目的事業用地」，即 C 地，想辦法變成既成道路，且指定成建築線。

　　由於如此做，需要耗時將近一年的時間，才能夠指出建築線。但業主認為緩不濟急，需要有立竿見影的作法。而我又堅持這樣做，對他才是最好的方式。因此，我們也就分道揚鑣。

　　本案的建築線，若只指在 12 公尺縣道這一方，未將 8 公尺交通用地這一邊也指著建築線，會造成以下困難：

1. 整幢廠房需以「防火構造物」申請，每坪成本至少多 2 萬。
2. 消防開口不足，要是做機械排煙機，可能要多 300 萬。
3. 隔離空間不足，需要拆工廠（為何呢？）。
4. 日後分割出售的效益不高。

　　當時業主聽人建議，認為 C 地是「特目」，是屬國有地，若不能當路，只需辦理購買即可。但是他不知，軍備局權屬的國有地，若要購買是相當困難的，機率幾乎微乎其微。又，這「特目」是軍備局申請的計畫編定，若不照計畫使用，可能會被解除編定，恢復原編（農牧用地），這即是上述的困難之處。

　　如何判定建築線與用地的關係，是處理這類案子的第一步。失之毫釐，差之千里，不可不慎。

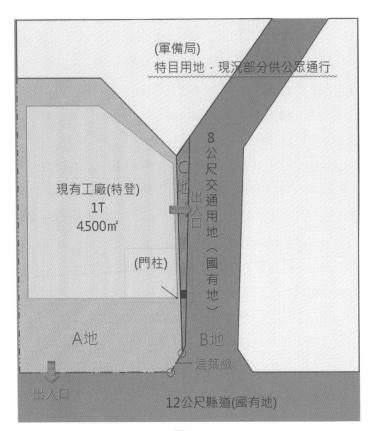

圖 1-6

專案解析

建築線與建築成本的關係

　　這是個碩士論文等級以上的複雜題目，非三言兩語可以講清楚、說明白。但所有困難或是鴻蒙難解的問題，若能掌握其要領，好的開始，才是成功的一半。

1. 防火構造物、外牆、屋頂的防火時效的規定。

2. 非防火構造物、外牆、屋頂的防火時效的規定。

3. 如何讓地界線成為建築線。

　　若能掌握以上三點，成本一定能有明顯的降低。

相關法規

• 建築技術規則建築設計施工編第 110 條

　　防火構造建築物，除基地鄰接寬度 6 公尺以上之道路或深度 6 公尺以上之永久性空地側外，依下列規定：

1. 建築物自基地境界線退縮留設之防火間隔未達 1.5 公尺範圍內之外牆部分，應具有一小時以上防火時效，其牆上之開口應裝設具同等以上防火時效之防火門或固定式防火窗等防火設備。

2. 建築物自基地境界線退縮留設之防火間隔在 1.5 公尺以上未達 3 公尺範圍內之外牆部分，應具有半小時以上防火時效，其牆上之開口應裝設具同等以上防火時效之防火門窗等防火設備。但同一居室開口面積在 3 平方公尺以下，且以具半小時防火時效之牆壁（不包括裝設於該牆壁上之門窗）與樓板區劃分隔者，其外牆之開口不在此限。

3. 一基地內二幢建築物間之防火間隔未達 3 公尺範圍內之外牆部分，應具有一小時以上防火時效，其牆上之開口應裝設具同等以上防火時效之防火門或固定式防火窗等防火設備。

4. 一基地內二幢建築物間之防火間隔在 3 公尺以上未達 6 公尺範圍內之外牆部分，應具有半小時以上防火時效，其牆上之開口應裝設具同等以上防火時效之防火門窗等防火設備。但同一居室開口面積在 3 平方公尺以下，且以具半小

時防火時效之牆壁（不包括裝設於該牆壁上之門窗）與樓板區劃分隔者，其外牆之開口不在此限。

5. 建築物配合本編第 90 條規定之避難層出入口，應在基地內留設淨寬 1.5 公尺之避難用通路自出入口接通至道路，避難用通路得兼作防火間隔。臨接避難用通路之建築物外牆開口應具有一小時以上防火時效及半小時以上之阻熱性。

6. 市地重劃地區，應由直轄市、縣（市）政府規定整體性防火間隔，其淨寬應在 3 公尺以上，並應接通道路。

• 建築技術規則建築設計施工編第 110-1 條

1. 非防火構造建築物，除基地鄰接寬度 6 公尺以上道路或深度 6 公尺以上之永久性空地側外，建築物應自基地境界線（後側及兩側）退縮留設淨寬 1.5 公尺以上之防火間隔。一基地內二幢建築物間應留設淨寬 3 公尺以上之防火間隔。

2. 前項建築物自基地境界線退縮留設之防火間隔超過 6 公尺之建築物外牆與屋頂部分，及一基地內二幢建築物間留設之防火間隔超過 12 公尺之建築物外牆與屋頂部分，得不受本編第 84-1 條應以不燃材料建造或覆蓋之限制。

基地與路夾雜該如何處理

通常若建築基地與道路（無論是計畫道路、公路，或是現有巷道）有夾雜土地，即建築基地「未臨」建築線，即無法申請建築執照。

　　　但若夾雜的土地是屬國有地，又屬畸零地，可以有以下作法：

1. 若為溝渠，可以申請架橋通行。

2. 若為公有畸零地，可以向當地的建築主管機關，申請公有畸零（裡）地合併證明。

3. 若非以上二者，可向國有財產署申請租用土地，供通行使用。

　　　然而，以上土地皆須屬所有權單位的「非」業務用地，也即是這些機關不用的地，或是有明文規定如何使用的地，才有出租供他人使用的可能。

　　　本案的關鍵在於，屬軍方單位的用地，是有業務需求的，所以無法就以上三種態樣購得土地。尤其這業務需求在目的使用上，即是為了「運輸」使用，但因為很少使用，使得路形不相顯。若在指示建築線時沒標示清楚，致使該目的地在建管方面，即非屬建築技術規則第一章第 1 條第 36 款的道路定義。

內政部營建署函 103.05.19 營署建管字第 1032908553 號
主旨：有關建築基地臨接之道路中間夾現有水溝，如經加蓋作為道路使用，其道路寬度認定疑義一案，復請　查照。
說明：

1. 依奉交下貴府工務局 103 年 4 月 30 日北工建字第 1030726317 號函辦理。

2. 按建築技術規則建築設計施工編第 1 條第 36 款規定：
「道路：指依都市計畫法或其他法律公布之道路（得包括人行道及沿道路邊綠帶）或經指定建築線之現有巷道。除

另有規定外，不包括私設通路及類似通路。」

按本署 89 年 3 月 20 日營署建字第 56207 號函（註一）檢送研商已指定建築線之兩現有巷道中間夾已加蓋作為道路使用之都市計畫水溝用地，其臨接現有巷道之建築基地面前道路寬度認定疑義之會議紀錄結論：「……『水溝加蓋作為道路使用時，水溝寬度得併入道路計算。』本部 65 年 6 月 17 日台內營字第 685457 號函（註二）業有明釋，本案經指定建築線之兩現有巷道中間夾已加蓋之水溝，其道路寬度之認定請依上開函釋辦理」，本案有關都市計畫人行道與經指定建築線之現有巷道間夾有具行水事實之公圳，如經貴府確認該段公圳加蓋為道路使用，符合貴管都市計畫相關規定，並取得土地所有權人同意加蓋作為道路使用，於確保完成該段公圳加蓋工程施作且完工後應維持供道路使用之前提下，得參照本部 65 年 6 月 17 日台內營字第 685457 號函及本署 89 年 3 月 20 日營署建字第 56207 號函釋內容辦理，至個案事實認定，請逕依權責查明核處。

※ 註一：89.03.20. 營署建字第 56207 號詳同章第 1 條第 36 款解釋函。

※ 註二：65.06.17. 台內營字第 685457 號詳同章第 1 條第 36 款解釋函。

不同的公路寬度

　　隨著南科股的發酵，其附近都內土地飛速飆漲，原本臺南舊縣區的土地也變得寸土寸金、一日三市。在這情況下，原本舊部落的土地也慢慢地被開發出來，在市場上拋頭露面。

　　A 地為「舊厝地」，且為「共有地」，經過一番的腥風血雨、各方競逐之後，終於被整合出。並在四年前，出售給某位南科企業主。該企業主想在此落地生根，同時也等待時機，或適當點出售給建商。

　　最近公布南科地重劃區、住宅區，容積只有150%情況下，建商也紛紛轉向朝舊部落挺進，可見其土地奇貨可居。

　　本案 A 地前的公路，原為 25 公尺公路。舊部落旁新建一環外道路後，被重編公告為 12 公尺的縣道。又在以前的縣政府重新施做排水溝時，沿著 12 公尺縣道邊界，做了一條水溝。所以，本案的建築線，被指在當今公告縣道的邊緣、水溝旁。也就是說，「A 地沒有臨建築線」。

　　公路有不同的層級，不同層級有不同的寬度；相同的層級，也有不同的寬度。相當混亂，無規則及道理可言。

　　本案前方的道路，皆為交通用地，但由於不同時期，對公路的管制有所不同。在指定建築線前一定要先搞清楚。本案若要將 B 地，併進來指定建築線，可能性很高。只要證明 B 地早已做公眾通行使用，將其認定為現有巷道，A 地即可建築。

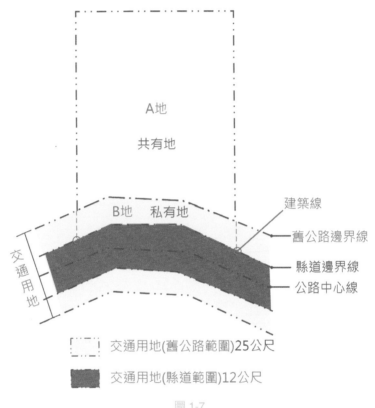

圖 1-7

專案解析

公路寬度縮小的自救方法

公路寬度的規定尺寸，是行政單位依職權所作的行政處分，是絕對有效的。所以若在指定建築線時，沒有實地踏勘，只是依相關單位公布的公路寬度，很容易遇到以上情況。

　　本案基地在尙是「舊厝地」時有臨建築線，但因爲人丁稀少，舊路痕跡逐漸模糊、界線不明，加上新的公路養護寬度，造成現今再指建築線時，基地未臨建築線。

　　本案需要參照以下解釋令的作法，在指定建築線時，證明其「公用地役關係」的「既成道路」寬度，方能避免未臨建築線的問題。

檔　號：
保存期限：

內政部　函

機關地址：10558臺北市八德路2段342號（營建署）
聯絡人：洪嘉雯
聯絡電話：02-87712690
傳真：02-87712709

受文者：臺南縣政府

發文日期：中華民國97年11月4日
發文字號：內授營建管字第0970808809號
速別：最速件
密等及解密條件或保密期限：普通
附件：無

已電子交換

主旨：為受理民眾申請認定具有公用地役關係之現有巷道乙案，請依說明二確實辦理，請　查照。

說明：
　　一、依據本部97年10月9日台內訴字第0970104619號函附本部訴願審議委員會97年9月26日第1052次會議附帶決議事項辦理。
　　二、請各直轄市、縣〈市〉政府受理認定具有公用地役關係之現有巷道申請案件，應就系爭巷道是否年代久遠、供不特定公眾通行，且公眾通行之初土地所有權人有無阻止之情事等構成要件逐一判斷，於處分書詳予載明，同時依行政程序法規定對外公告。

正本：臺北市政府、高雄市政府、臺灣省21縣（市）政府、金門縣政府、福建省連江縣政府
副本：內政部訴願審議委員會、內政部法規委員會、本部營建署建築管理組

圖 1-8

並不是每段戀曲都有美好回憶

當 B 地的建設公司找我時，我拒絕了，因爲 C 地與 A 地的案子，皆是我們設計的。在道上混，不能不講武德。但是，我還是提醒 B 地的建設公司，B 地可能指不出建築線。

當時，他們認爲一定可以有建築線。

上個月，他們說：「眞的不行！」

爲何 C 地與 B 地皆臨乙路（防汛道路專用道），C 地可以蓋五層的新加坡式建築，B 地卻不行？因爲 C 地是用私設通路來指定建築線，與乙路無關。

而 A 地也臨消防道路，也是專用道路，爲何可以有建築線？這是因爲此消防通路有工務局的養護證明，且存在已久，所以有建築線。

但是對面的防汛道路，甲路也是專用道，也是既成道路，也可以指建築線，爲何乙路就不行？因爲乙路是河川區地行水區，雖然是防汛道路，但並不是地方政府依公路法提出的設計水準以及維管，所以不能指定建築線。

並不是面前有道路，就可以指出建築線，尤其是專用道路。如防訊道路、消防通道、軍備道路、農業使用的產業道路……等。

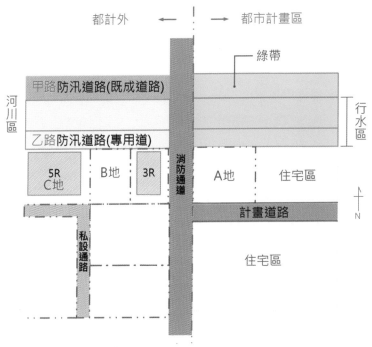

1、河川管理辦法第6條
2、甲路有維管
3、乙路沒有維管
4、經濟部水利署函101.09.06.經水政字第10106106540號函

圖 1-9

專案解析

　　「公用地役關係」的既成道路，若能指定建築線，除了要能符合內政部 97 年 11 月 4 日內授營建管字第 0970808809 號函之外，也要符合各地縣市政府「建築管理自治條例」的規定。又基地若在都市計畫內，同時要參考其都市計畫的土地使用管制規則或要點。

但若該「既成道路」是屬防汛道路或軍用道路，一定要先函詢其目的事業機關「該路是否可為公眾使用」，函文如下。

影響專用道路可否指示成建築線的因素多如牛毛，一路一況，也沒有辦法歸納出其中的原則，以及面對的套路，只能見招拆招。若一定要指出建築線來，也只能死皮賴臉，穿著防彈背心，往前衝了。

經濟部水利署函 101.09.06 經水政字第 10106106540 號說明：

1. 有關河川區內或河川區域線內之水防道路可否指定建築線一節，貴署前以 94 年 4 月 20 日「研商都市計畫區河川區內或河川區域線內之防汛道路可否指定建築線案會議」之紀錄所引用之本署以 94 年 4 月 20 日經水政字第 09453033350 號函送之書面意見，略以：「水防道路在道路（含市區及村里道路）主管機關未將其公告為道路系統並由道路管理機關接管前，不得將水防道路視同一般道路並據以指定建築線。」及「河川區域內之現存便道、運輸路及水防道路皆不宜認定為既成道路，亦不得據以指定建築線」作為水防道路得否指定建築線之依據。

2. 按水防道路依河川管理辦法第 6 條第 3 款之規定，係指為便利防汛、搶險運輸所需之道路及側溝，並為堤防之一部分，爰於其範圍內之行為，悉受水利法有關禁止及限制使用規定之規範。且水防道路施設之目的在於專供防汛搶險

之通路，其道路之鋪面、寬度、線型係依其施設之目的辦理，並不同於一般道路之規畫及施設，故亦不符合一般道路設計之標準。

3. 另水防道路於道路主管機關未依「道路主管機關申請使用水利主管機關養護堤防（含水防道路）其構造物興建、養護、管理等處理原則」向轄管河川管理機關提出申請，並依行政程序完成其為道路之公告或核定等程序，並正式移交接管納入道路系統前，河川管理機關為防汛搶險需求，不排除為適度之封閉措施，即防汛道路有無法供一般車輛通行之可能與必要。

4. 綜上，因建築線之指定依法應屬建築法主管機關之權限，爰本署前開意見修正為：「水防道路及河川區域內之現存便道、運輸路是否得指定為建築線，應由建築法之主管機關本其主管權責，依其主管法規及其所在個別情況之適當與否認定之。惟考量水防道路之性質，建管單位於指定建築線時，宜以業經道路主管機關接管，並公告為一般道路者始予指定為原則。」

想辦法影響主審的好球帶

在棒球場上，主審認定的好球、壞球，是不能挑戰的。也即是主審的好球帶，會影響一場球賽、影響投手的投球策略，甚至影響球賽勝負的關鍵。同理，當有關土地、建築的開發，在申請各項行政許可時，面對各級政府單位的承辦人員們的「好球帶」，亦是如此。

　　A 地為都市內農業區，要申請做交通設施使用。旁邊有「臨登工廠」的特定（工業）用地，對面則有一工廠用地，現今皆取得合法房屋的位階。而此處前方道路所指出的建築線，為「11公尺寬的現有巷道」。

　　但當 A 地提出申請時，承辦官員認為 A 地前方雖有鋪柏油，但「可能」因為沒車輛行走，已生雜草。又現況水溝非緊貼 A 地的邊緣，故判定這建築線應該為 7 公尺寬。

　　這好球帶真的太窄了，完全沒有邊邊角角地帶，只有正中的 5 號位置。

　　在領教主審的好球帶之後，抱怨也沒用。只好找到更多證明及相關法規、解釋令等，與主審先討論好球帶的邊界及範圍。重新擴張好球帶的寬度，以及法規定義出合法、合理的邊界，才能再針對「爭點」提出輔助判決。

　　在執行案件的開始，一定要先了解主審好球帶範圍，這非常的重要。如此才能了解現有的條件，是否能夠投進好球帶。然後用適當的法規以及現有的條件，撐開好球帶的寬度，才能有助專案的進行。

　　希望大家都能夠投出好球。

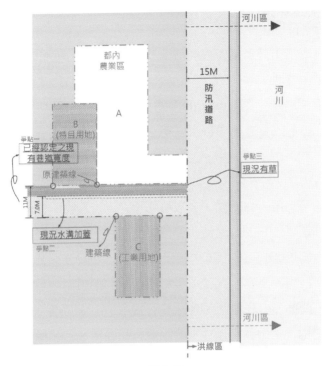

圖 1-10

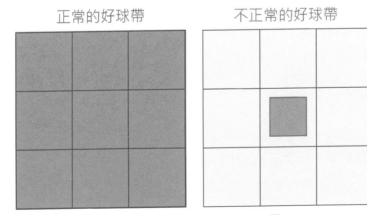

正常的好球帶	不正常的好球帶
圖 1-11	圖 1-12

請大家一起來打一個算盤

　　老舊都市計畫區邊郊的住宅區，位置頗佳、位處丘陵地，卻不是山坡地。

　　甲、乙兩兄弟繼承了前人的土地，感情和睦。甲有 A1、A2 及 A3；乙有 B 及 B1。C（為未開闢的 4 公尺人行步道，屬公共設施保留地）為甲、乙共同持有。甲、乙持有土地的總面積各有約 310 坪。

　　隨著都市人口增加，大眾捷運也在附近設點，建地又稀缺下，郊區「住三」的建地也顯得奇貨可居。二人持有的地，雖然皆有約 1,000 平方公尺左右，皆有臨 12 公尺及 8 公尺的計畫道路。但由於 8 公尺的部分為未開闢的計畫道路，且在 12 公尺計畫道路部分，基地寬度因為不足 19 公尺。若開發為大樓，需要開挖地下室，就有尺寸上的困難。故在甲、乙堅持以當地地價開價下，一直未有建商青睞。

　　近年來，該直轄市「開放公共設施保留地」解編的土地新生活運動，方興未艾，所以他們身旁的奇人異士，就為他倆出謀劃策。在都市計畫通盤檢討時，提出「人陳案」，主張公設地解編。經歷一陣子的行政流程之後，終於在天荒地老之前，完成了解編。

　　但激情過後，總要面對其相對而來的後果。畢竟生米已經煮成熟飯，回不去了。在此次的通盤檢討，地主取得了他們預期的結果。但是天下沒有白吃的午餐，在通盤檢討的附加條件中，政府要地主捐出三分之一變更的土地面積；外加土地面積的市值乘以 1.4 倍的回饋金，在建造執照取得前繳交完成。經

過計算總金額約 4,500 萬。再加上變更的花費，全部超過 5,000
萬。

　　由於成本的疊加，甲、乙現在的開價高於當地市價，每坪
約 12 萬左右。又令建商望之卻步，開發更加困難。

　　未開闢地計畫道路，在某些程度及條件下，是可以透過都
市計畫程序公設地解編，變更爲建地。但是，其中會增加爲數
不小的隱形成本，以及解編後法規的適用問題。

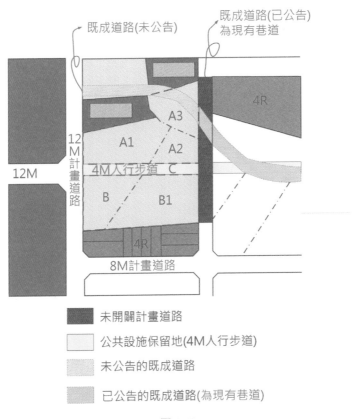

圖 1-13

專案解析

　　到 106 年時，六都的都市計畫道路（含人行道）未開闢的面積，還有 8,206 公頃。其中有一些已經有使用的事實，這一部分通常也會優先辦理徵收。但有些是完全未開闢的計畫道路，在政府財政短缺之下，若要開闢，也是遙遙無期。

　　雖然，公共設施保留下，可以做臨時性的低密度作用，但在公共設施道路上，要申請臨時建築，限於寬度 15 公尺以上的道路，又其側各要保留 4 公尺寬的通路，所以在被徵收前幾乎無法使用。

　　而若要將開闢的計畫道路解編，也不容易。因為所謂的計畫道路，是在都市計畫劃定時，為了促進都市發展，便利城區生活的條件，有計畫的發展下所制定的交通設施。細部計畫施行日久，又一次有一些建築行為，是依未開闢的道路來施行建管行為。所以，計畫道路是支撐都市計畫很重要的工具。不適宜變更、調整，甚至去除。

　　本案是 4 公尺的計畫道路兼人行步道，由於沒有都市計畫法規 51 條的「從來使用」，寬度又小於 15 公尺，又沒有現況使用的痕跡。再經評量沒有危及道路系統失衡，妨礙都市健全發展之下，又無礙都市消防救護，或形成交通瓶頸之下，才得以解編。

相關法規

• 都市計畫公共設施保留地臨時建築使用辦法第 7 條

　　在公共設施道路及綠地保留地上，申請臨時建築者，限於計畫寬度在 15 公尺寬以上，並應於其兩側各保留 4 公尺寬的通路。

・都市計畫法第 42 條

一、都市計畫地區範圍內，應視實際情況，分別設置下列公
　　共設施用地：

1. 道路、公園、綠地、廣場、兒童遊樂場、民用航空站、停
　車場所、河道及港埠用地。

2. 學校、社教機構、社會福利設施、體育場所、市場、醫療
　衛生機構及機關用地。

3. 上下水道、郵政、電信、變電所及其他公用事業用地。

4. 本章規定之其他公共設施用地。

二、前項各款公共設施用地應儘先利用適當之公有土地。

・都市計畫法第 51 條

　　依本法指定之公共設施保留地，不得為妨礙其指定目
的之使用。但得繼續為原來之使用或改為妨礙目的較輕之使
用。

不是所有的國有地，都可以用來接水接電

　　成年人的世界，除了黃小琥的「相愛沒那麼容易」，其實
賺錢也沒那麼容易，因為每個人有他的脾氣。

　　A 地，在南科股氣勢沸騰時，被建商買下來，興建住宅大
樓。由於地點依山傍水，在依依東望時，又可以看到一遠山含
笑，有數十公里沒有視野的阻礙。二年前，在價格合理下，佳
評如潮，銷售一空。

　　然而，原本順風順水、春風得意的建案，在要接大水（自
來水）、大電（台電）時，開始困難重重。因為 A 地前方的國

有地，在位階上相當特殊，造成一些法規上、行政流程上的衝突，以及認知不同的問題。

A 地前方的國有地，是屬於一特殊單位所有。因為是未開闢的計畫道路，所以若要開挖，埋設管線，台電、自來水公司，要建設公司取得土地所有單位的同意書。

但，該特殊單位表示，同意被民間開挖埋設管線，非他們法定職權範圍，所以無法出具同意書。

「不是在地籍謄本上，顯示是『國有地』就是『公共設施』執行完成了嗎？」A 地建設公司的老闆，在我面前幾乎哀嚎式的口吻，說出了這句話。

我回：「這要看目前土地登記謄本記載的公有土地管理機關：1. 是否還有公務使用需要。2. 依職權命令，是否具有核發土地使用權同意書的能力。若這二點成立，不是所有國有地，都可以讓我們用來接水接電。」

而本案又無法整合 B、D、E 地（同一個人持有）地主。因為，這地主不好相處，聽說有明顯的脾氣，甚至找了任何人去都不開價。所以真的只能從國有土地，這個部分找突破口了。

在這一波所有的土地，都被拿來做建設的浪潮當下。我個人覺得，若不搞清楚法規對土地的各項箝制，要賺錢真的沒那麼容易。

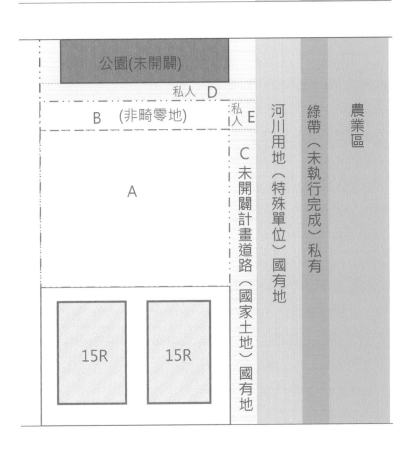

圖 1-14

專案解析

　　一般而言，未開闢的計畫道路，在地籍資料中，顯示為國有，就會被認為是徵收完成，或者是公共設施執行完成。

　　更甚者，有些屬國有地的未開闢計畫道路，在路形以及道路機能上，已經完備，甚至官方也有養護行為。但由於 A 地國有機關尚未移交給當地的地方政府，在這種情況下，在面對接水接電時，大水大電的外包施工單位，亦須請申請人取得該國有地的「管理」單位出其同意書，他們才可以作業。

　　未開闢的計畫道路，有分行政上未完成，且開闢實質有路形，或是行政上、實質上未完成，在申請建築時，若遇到實質上有機能（鋪柏油、有水溝、有路名、有路燈⋯⋯），在地方政府的建管行政大概皆能取得建築執照，若行政上及實質上皆未完成，在面對建築執照時，可能會因為沒有排水溝，使得建管單位不得予建照，故在建照時，可能就面對國有地未開闢計畫道路，可能帶來土地開發的難題。而非在取得使用執照，要送水送電時。

　　至於，要如何面對以上問題，說真的沒有一致的方式及答案。因為有些國家單位或機關「管理」的國有土地為公用財產性質。依照現行規定，主管機關或管理機關對公用財產，是不能有任何處分行為及擅自收益行為。

　　故開發土地遇到未開闢計畫道路是屬國有地時，一定要再查明何為「管理」單位。若非國有財產署，一定要釐清所有的建管行政，五大管線申請行政，該土地是否有任何的相應關係，如此才能安全下莊。

相關法規

• 自來水法第 61-1 條

1. 第 23 條規定之用戶加壓受水設備所使用之私有土地應由用戶取得該私有土地之所有權或地上權，始得供水。

2. 前項用戶加壓受水設備之受水管所使用土地，取得私有土地所有權人同意書且完成設置者，得予以供水。

3. 用戶加壓受水設備所使用土地為公有土地，應取得公有土地管理機關使用許可或同意書。

4. 用戶加壓受水設備所使用土地為既成計畫道路，經道路主管機關許可挖掘埋設者，用戶得免取得所有權或設定地上權，並得為必要之維護與更新。

5. 用戶加壓受水設備所使用之土地非屬用戶所有，但自自來水事業供水日起，使用年限已達十年以上者，其用戶就該等土地視為有地上權存在，得於直轄市、縣（市）主管機關同意，並保證工程完畢後恢復原狀下，在取得土地所有權前為必要之維護與更新。

6. 用戶使用他人私有或公有土地，應擇其損害最少之處所及方法為之，並予以補償。

7. 前項處所、方法選擇及補償如有爭議時，用戶、土地所有權人或使用人得報請直轄市、縣（市）主管機關核定之。

8. 第 6 項補償之核定，得適用第 53 條第 3 項之裁量基準。

9. 第 1 項加壓受水設備委託自來水事業代管者，自來水事業得計收工程改善費、操作維護費及其他一切必要之費用，其標準由自來水事業訂定，報請主管機關備查。

公路的定義

　　我國法律對於道路的定義，並沒有統一做成專屬解釋，而是在各個法律之中分別給予不同的定義，造成很多意義不盡相同，但詞語相近的道路名詞，被混淆使用。針對法律上常見的幾種道路說明如下：

一、都市計畫法定義的「道路」

1. 已完成開闢計畫道路：現地上已依照公告的都市計畫圖開闢完成的計畫道路，且已提供公眾使用，這種類型的計畫道路用地，大多數已由政府取得所有權的公有土地，又稱作「公設道路」。

2. 未完成開闢計畫道路：都市計畫圖已經完成公告指定為計畫道路，但是現地上面還沒有完成開闢的計畫道路用地，這種類型的計畫道路用地，因為政府還沒執行徵收及開闢，且大多數土地所有權仍然屬於私人所有，僅有少數土地所有權屬於政府所有，但因尚未完成道路開闢，又稱作「公共設施保留地」。

二、區域計畫法定義的「道路」

　　土地使用地類別已編定為交通用地（或特定目的事業用地），並已完成開闢道路，且已提供公眾使用，這種類型的交通用地，大多數已由政府取得所有權的公有土地，並作「公路」使用。

三、平均地權條例定義的「道路」

　　道路是否建設完竣之認定，並未明定道路開闢寬度，主要是以道路能通行「貨車」為認定基準。

四、市區道路條例定義的「道路」

市區道路是指在都市計畫區域內所有的道路，以及在地方行政區域內，都市計畫區域以外的所有道路。而市區道路的修築，其系統及寬度，必須依照都市計畫的規定辦理。簡單定義，只要是都市計畫內或外的所有道路都可稱之爲「道路」。

五、建築法定義的「道路」

建築技術規則建築設計施工編第 1 條第 36 款規定：

1. 道路：指依都市計畫法或其他法律公布之道路（得包括人行道及沿道路邊緣帶）。
2. 經指定建築線之現有巷道，不包括私設通路及類似通路。因此，需要可指定建築線的路才能稱爲「道路」。
3. 「現有巷道」在法律上並沒有明確定義，只有在建築法第 48 條第 2 項規定提到：「前項以外之現有巷道，直轄市、縣（市）（局）主管建築機關，認有必要時得另定建築線；其辦法於建築管理規則中定之。」因此，現有巷道認定標準，是由各個地方政府自行定義的。

六、大法官第 400 號解釋定義的「道路」

「既成道路」就是具有「公用地役關係」的道路。簡言之，道路的所有權爲私有地主所有，但卻要讓不特定人或供公眾通行使用。私人土地一旦被認定爲具公用地役關係的既成道路，將使所有權人必須容忍土地供公眾通行而犧牲個人權益，且無法對土地自由使用收益。既成道路成立的三個要件如下：

1. 需要已提供作不特定公眾通行（二戶以上）使用，而非只是通行便利之捷徑。

2. 從一開始通行時，土地所有權人並無阻止通行的事實。

3. 通行經歷年代久遠而未曾中斷（一般為 20 年）。

　　「既成道路」必須要經過公告認定為「現有巷道」之後，才能指定建築線。

表 1-1　可指定建築線之道路系統彙整表

道路	計畫道路		既成道路	現有巷道	私設通路
法源	都市計畫法		大法官解釋	建築法	建築法
定義	依都市計畫程序在都市計畫圖上公布的道路	具有「公用地役關係」的道路	1. 經過指定建築線的現有巷道 2. 由各個地方政府自行認定	1. 基地內建築物的主要出入口 2. 共同出入口到建築線間的通路
通行使用關係	已開闢 供公眾使用	未開闢 尚未供公眾使用	供不特定公眾使用	沒有限制特定人通行使用	限制特定人通行使用
現況	道路	非道路	道路	道路	私有巷道
用地性質	公共設施「用地」	公共設施「保留地」	公法上認定存在公用地役關係	認定既成道路後，才可公告「現有巷道」	依法令規定允許作為私設通路使用之土地均可
土地產權	公有或私有	公有或私有	私有	私有	私有
指定建築線	可以	可以	要公告認定現有巷道之後才可以	可以	通路須連接至建築線
地籍圖	街廓清楚標示、地界線整齊	街廓清楚標示、地界線整齊	地界線未標示，但現況是道路	地界線未標示，但現況是道路	都市計畫圖及地籍圖均未標示，但建照圖會標示

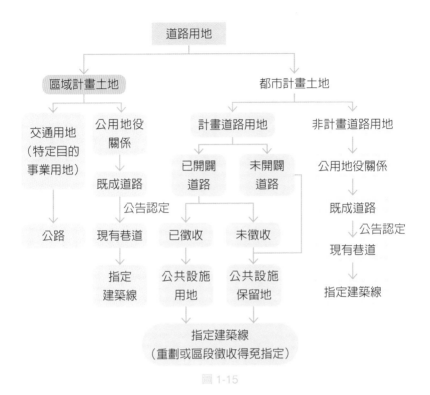

圖 1-15

小辭典

　　「公用地役關係」在法律上並沒有明文規定，是屬於習慣法範疇。經過大法官釋字第 400 號解釋之後，也沒有任何法律明定公用地役關係的成立要件，因此，在實務上及學理上還是以 400 號解釋作為判斷私有土地，是否具備公用地役關係的標準。

　　公用地役關係屬於習慣法，習慣法不得牴觸現行法令。

表 1-2　建築線面臨道路系統整理

道路	國道公路	省道公路	市縣道公路	區、鄉道路	現有巷道	私設通路
道路圖示	①	③	106	高4	無	無
道路寬度	公告計畫寬度	公告計畫寬度	公告計畫寬度	公告計畫寬度	依現況	設計或現況
可否指定建築線	主車道及匝道不得指定	可	可	可	可	不可
是否需供公眾通行	是	是	是	是	是	否
是否需要辦理公告認定	否	否	否	否	是	不需要
是否需出具供通行之同意書	否	否	否	否	私設變成現有巷道才需要	需要
道路主管機關	交通部高速公路局	交通部公路總局	各直轄市、縣政府	各直轄市、縣政府	依各縣市政府分工	地主自行維護

以上狀況若有計畫道路公告或其他法令公告者除外

表 1-3　建築線面臨廣義的都市計畫道路整理

項目　　　使用分區	計畫道路	人行步道	綠地（道路邊綠帶）	廣場（人行廣場）
都市計畫圖示	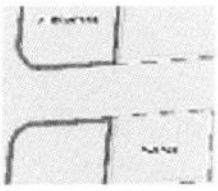	 人行步道(側)	 綠地(帶狀地)	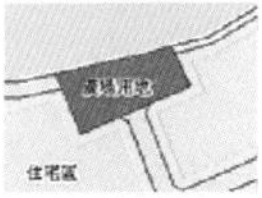 廣場用地　住宅區
道路寬度	計畫公告寬度	計畫公告寬度	計畫公告寬度	計畫公告寬度
可否指定建築線	可	可	可	可
是否需供公眾通行	是	是	是	是
是否需要辦理公告認定	否	否	否	否
是否需出具供通行之同意書	否	否	否	否
道路主管機關	都計主管機關	都計主管機關	都計主管機關	都計主管機關

有公用地役關係的既成道路

專業地產的成長模式

　　疫情期間，整個社會，人與人的互動變少，但土地的開發經營、交易，卻沒有降溫的現象。尤其是一些學有專精，且又有方向策略的開發業者，鴨子划水的，慢慢的努力，慢慢的成交。

　　T 先生，帶著十來人的仲介團隊，是一位頗有經營方針的專業居間人。幾年前經長輩介紹認識，開始有互動。他每次提出的問題，皆有相當的深度，在土地開發上，若需要合縱連橫時，也是能仔細推敲，用心琢磨。

　　約三年前，他帶著 A、B、C 三筆地號來找我，請我出配置圖（好像來求解藥）。我倒是問他：「這地很難做，除非地價很低，否則幾乎沒有開發價值。」

　　他說：「這地，地價是相對的低，我想是否可以透過設計的手法，妙手回春。」

1. 有社區的捷徑通過，雖然沒有「公用地役關係」的既成道路位階，但是通道部分，若要配置恐怕很難。

2. 地界犬牙交錯，無論做透天，或華廈的配置，都不適合。

3. 若沒有將社區通道指定為建築線，4 公尺的計畫道路，只能蓋三層樓的高度。

因有以上條件，我回：「若是要妙手回春，因為旁邊是國有地，要有釜底抽薪之計，我認為，倒不如去申請與國有地，地界調整。再損失8坪地（其實沒有，為何？），將社區行走已久的捷徑，指定為建築線，成為現有巷道，否則藥石罔效，無以回天。」

經過三個寒暑的協調溝通，百般波折，地界調整成功了。在六月初，他將這三筆地號，以相當合理的價格售出，獲利頗豐。努力有了回報，也令人歡喜。

T先生在地產經營的道路上，經過了適當的「知識管理」，慢慢的由「自僱者」，變成了投資者，百尺竿頭，更進一步。在疫情當中，獲利豐盛，真的相當佩服他。

我的土地變成了道路──公用地役關係

有些存在於巷弄中的道路土地，並非公有土地，而是私人所有，卻供大眾通行之用。土地所有人無法進行土地利用，這就是公用地役關係之既成道路。

公用地役關係是個人財產權保障與公共利益之間的取捨拉鋸，其定義主要來自於大法官釋字第400號解釋。

個人的財產保障規範於憲法第15條，對於人民的財產權，應保障其能自由處分收益，並免於侵害。但是個人財產權也必須受到社會環境的限制，若因公益造成個人利益犧牲，應受補償。

而公用地役關係的要件主要有三：

1. 為不特定公眾通行之必要，不是為便利或省時。

2. 公眾通行之初，土地所有權人並無阻止。

3. 須經歷之年代久遠而未曾中斷，所謂年代久遠不必限定其期
　間，但應以時日長久，一般人無復記憶其確實之起始，僅能
　知其梗概（例如始於日據時期、八七水災等）為必要。

　　釋字第 400 號解釋認為，人民的私有土地因為上述三種要
件而存在公用地役關係時，有關機關應依法辦理徵收，並給予
補償之請求權。惟這項請求權需建立在國家「已有法律之規定」
之情形下，始得請求有關機關「依相關法律之規定」，辦理徵
收給予補償，而非有關機關應依「本解釋」辦理徵收給予補償。

　　舉例來說，在某一道路範圍內私有土地均辦理徵收，僅因
既成道路有公用地役關係而以命令規定繼續使用，而不徵收補
償，則與平等原則相悖。

補充資料

• 憲法第 15 條

　　人民之生存權、工作權及財產權，應予保障。

• 釋字第 400 號解釋理由書

　　憲法第 15 條關於人民財產權應予保障之規定，旨在確
保個人依財產之存續狀態行使其自由使用、收益及處分之權
能，並免於遭受公權力或第三人之侵害，俾能實現個人自
由、發展人格及維護尊嚴。惟個人行使財產權仍應依法受社
會責任及環境生態責任之限制，其因此類責任使財產之利用
有所限制，而形成個人利益之特別犧牲，社會公眾並因而受
益者，應享有相當補償之權利。至國家因興辦公共事業或因
實施國家經濟政策，雖得依法律規定徵收私有土地（參照土
地法第 208 條及第 209 條），但應給予相當之補償，方符首
開憲法保障財產權之意旨。

　　公用地役關係乃私有土地而具有公共用物性質之法律關係，與民法上地役權之概念有間，久為我國法制所承認（參照本院釋字第 255 號解釋、行政法院 45 年判字第 8 號及 61 年判字第 435 號判例）。既成道路成立公用地役關係，首須為不特定之公眾通行所必要，而非僅為通行之便利或省時；其次，於公眾通行之初，土地所有權人並無阻止之情事；其三，須經歷之年代久遠而未曾中斷，所謂年代久遠雖不必限定其期間，但仍應以時日長久，一般人無復記憶其確實之起始，僅能知其梗概（例如始於日據時期、八七水災等）為必要。至於依建築法規及民法等之規定，提供土地為公眾通行之道路，與因時效而形成之既成道路不同，非本件解釋所指之公用地役關係，乃屬當然。私有土地因符合前開要件而存在公用地役關係時，有關機關自應依據法律辦理徵收，並斟酌國家財政狀況給予相當補償。各級政府如因經費困難不能對前述道路全面徵收補償，亦應參酌行政院 84 年 10 月 28 日發布之台 84 內字第 38493 號函及同年 10 月 11 日內政部台 84 內營字第 8480481 號函之意旨，訂定確實可行之期限籌措財源逐年辦理，或以其他方法彌補其損失，諸如發行分期補償之債券、採取使用者收費制度、抵稅或以公有土地抵償等以代替金錢給付。若在某一道路範圍內之私有土地均辦理徵收，僅因既成道路有公用地役關係而以命令規定繼續使用毋庸同時徵收補償，顯與平等原則相違。又因地理環境或人文狀況改變，既成道路喪失其原有功能者，則應隨時檢討並予廢止。行政院 67 年 7 月 14 日台 67 內字第 6301 號函所稱：

「政府依都市計畫主動辦理道路拓寬或打通工程施工後道路
形態業已改變者，該道路範圍內之私有土地，除日據時期之
既成道路目前仍作道路使用，且依土地登記簿記載於土地總
登記時，已登記為『道』地目之土地，仍依前項公用地役關係
繼續使用外，其餘土地應一律辦理徵收補償。」及同院 69 年
2 月 23 日台 69 內字第 2072 號函所稱：「查台 67 內字第 6301
號院函說明二第 2 項核釋日據時期既成道路仍依公用地役關
係繼續使用乙節，乃係顧及地方財政困難，一時無法籌措鉅
額補償費，並非永久不予依法徵收，依土地法第 14 條：『公
共交通道路土地不得為私有……其已成為私有者，得依法徵
收。』之原旨，作如下之補充規定：『今後地方政府如財政寬
裕或所興築道路曾獲得上級專案補助經費，或依法徵收工程
受益費，車輛通行費者，則對該道路內私有既成道路土地應
一律依法徵收補償。』」與前述意旨不符部分，應不再援用。

　　這些原屬於私人土地，因種種原因，長久以來供通行之
用，形成公用地役關係，實屬侵害個人財產權。前面提到，釋
字第 400 號解釋除了在定義公用地役關係外，更甚者提出，有
關機關應徵收補償之說。

　　但在法律中打滾久了，便知道理論是一回事，實務上更是
另一回事。好比遊戲攻略跟你說，只要符合 A、B、C 條件，就
可以有通行權。但是 A、B、C 三個條件，分別代表什麼？怎麼
認定？攻略沒說。

　　實務上的隱藏要件，我們就用實例判決來說明。

釋字第400號可以作為請求權基礎嗎？

案例　甲的 A 地於民國 70 幾年間被政府開闢為某大學聯外道路，現全部土地面積都在公路範圍內，且 A 地當時沒有經由合法協議價購或徵收程序，就開闢成道路。

甲先以陳情方式請求政府徵收 A 地，政府復以 A 地作道路通行已久，有將 A 地納入市地重劃作業的意向，表明無徵收意願。

甲再行訴願程序，不過內政部認為，甲的確沒有向政府請求徵收補償 A 地的公法上請求權。

最後，甲走上訴訟。

法院認為，依據法律，土地或土地改良物的徵收，有核准徵收權限者為內政部，具徵收請求權者是需用土地人，甲並沒有請求國家機關辦理徵收的公法上請求權，也沒有對需用土地人請求發動申請徵收的權利，退一步說，徵收與否本來就是政府的裁量權，甲沒有權利經由行政訴訟請求法院命政府為徵收行為。

甲依釋字第 400 號，請求政府應徵收 A 地。

但法院認為，釋字第 400 號意涵應該是，國家應依法律規定辦理徵收而予補償，基本上沒有賦予土地具公用地役關係之所有權人得請求國家為徵收的權利。再者，國家應依「法律之規定」辦理徵收給予補償，而不是國家應依「本解釋」辦理徵收給予補償。所以機關辦理徵收補償，仍應依照實定法具體規

定處理，並不表示人民可以用此作為請求權依據，而向國家請求徵收補償。

　　簡單來說，法院認為「釋字第 400 號」解釋，是在國家未有「法律之規定」之前提下。也就是說，未有法律明文規定應如何徵收？徵收條件為何？以及徵收補償金額為何的情況下，人民不能單純僅以「釋字第 400 號」作為請求權基礎，向有關機關請求補償。在此種情形下，「釋字第 400 號」不可以被甲作為請求權基礎，向機關要求徵收 A 地。

　　其中，地方政府提出 A 地是公用地役關係，因 A 地為道路供公眾通行，已數十年之久。但法院查看過去航照圖以及政府回函，可看出 A 地是政府發動公權力開闢道路使用，是依據都市計畫規畫的結果，並非基於公用地役關係。

　　也就是說，法院對於公用地役關係的認定，必須限於非政府發動公權力產生。本案中的 A 地實為政府作為道路之用，故無法認定為公用地役關係。若我是甲，真的走投無路，自己的土地變成道路，請求政府徵收未果，走訴願又行不通，那我告上法院總行了吧！

　　結果，法院說我於法無據，不符合公用地役關係的條件。這樣我的土地莫名變成道路，還沒辦法賠償嗎？

　　最高行政法院 105 年度判字第 73 號判決說，憲法保障人民的財產權，即使犧牲個人利益是為保全公共利益，也是要有正當合法的管道。如果未經許可即占用人民土地，這算是政府受有利益。於是最終法院認為，此案有不當得利存在。以不當得利為由，政府須給付甲自這十年來（再更前面的占用有時效主張問題）不當得利所得，另外每個月需要給付甲固定費用，直

到完成 A 土地徵收補償程序為止。

本案中，法院只承認有不當得利存在，並無公用地役關係，況且法院亦做出釋字第 400 號解釋並非請求權基礎之判決。也就是說，即便成立公用地役關係，人民也無法依本號解釋向政府請求徵收。

另外小小補充，本案中有先備位聲明的部分。甲先位請求縣政府應踐行必要程序徵收 A 土地，若法院認為甲沒有請縣政府徵收 A 土地的請求權，則備位請求縣政府應依公法上不當得利法律關係給付甲不當得利數額。

先備位聲明，是指在同一個訴訟中，原告對被告有數個不相容的請求，請求法院就先位請求優先審判，當法院不准允時，再處理備位的請求。

就本案先位聲明部分，法院認為甲並無請求國家機關辦理徵收之公法上請求權，亦無對主管機關請求發動申請徵收的權利，且徵收辦理之相關作業為縣政府本身權利行使範圍，甲並無權經由行政訴訟請求法院命縣政府辦理徵收作業。

而備位聲請部分，法院認為 A 地並非既成道路，A 地現開闢為道路使用係因縣政府依據都市計畫規畫之結果，並非基於公用地役關係，所以縣政府將 A 地開闢為道路係侵害甲之所有權及使用權，甲可依公法上不當得利法律關係，請求縣政府使用 A 地之相當租金損害。

補充資料

請求權基礎：一方當事人向他方當事人做出某請求的法律依據，亦即根據某法條要求對造做某事。例如常見的民法

第 184 條侵權行為，甲侵害乙的權利，導致甲受有損害，故甲可依民法第 184 條向乙求償。

• 高雄高等行政法院 109 年度訴字第 268 號判決意旨參照

　　按公法上不當得利制度之目的，係為將當事人間不當之損益變動調整至合法狀態，故判斷是否構成不當得利，應以「權益歸屬說」為標準，倘欠缺法律上原因而違反權益歸屬對象取得其利益者，即應對該對象成立不當得利。又公法上不當得利，目前雖尚無實定法加以規範，惟參酌民法第 179 條：「無法律上之原因而受利益，致他人受損害者，應返還其利益。雖有法律上之原因，而其後已不存在者，亦同。」之規定，衡諸其所維護正當權益歸屬之法律秩序作用，無論於公私法均應適用此基本原則，準此，公法上不當得利之意涵，應得類推適用民法不當得利制度之相關規定，亦即公法上不當得利返還請求權應具備：A、須為公法上爭議；B、須有一方受利益，他方受損害；C、受利益與受損害之間須有直接因果關係；D、受利益係無法律上原因等要件。其次，不當得利依其類型可區分為「給付型之不當得利」與「非給付型不當得利」，前者係基於受損人有目的及有意識之給付而發生之不當得利，後者乃由於給付以外之行為（受損人、受益人或第三人之行為）或法律規定所成立之不當得利。而「非給付型不當得利」類型中之「權益侵害之不當得利」，係指凡因侵害歸屬於他人權益內容而受利益，致他人受損害，即可認為基於同一原因事實致他人受損害，若不具保有該利益之正當性，即應構成無法律上之原因，而成立不當得利。

• 最高行政法院 105 年度判字第 73 號判決意旨參照

　　憲法第 15 條明定，人民之財產權應予保障，故縱使國家有因國防、交通或其他公益事務而需使用人民之土地者，亦須循正當之程序始得徵用，非謂有公益需求即可未經允許即占用人民之土地。又政府機關依法行政，本有開闢、建設道路供人民通行之義務，無論依何方式取得土地、闢建道路，經費之支出勢所難免，如未支付對價或未徵得所有權人同意即使用他人土地，即屬受有利益。

• 司法院釋字第 400 號解釋理由書

　　公用地役關係並非一成不變，會因地理環境或人文狀況改變，使既成道路喪失其原有功能，故應隨時檢討並予廢止。且私有土地存在公用地役關係時，有關機關應依據法律辦理徵收，並斟酌國家財政狀況給予相當補償，各級政府如因經費困難不能對此種道路全面徵收補償，亦應訂定確實可行之期限籌措財源逐年辦理，或以其他方法彌補人民之損失之旨。

參考資料：高雄高等行政法院 109 年度訴字第 268 號判決、臺北高等行政法院 109 年度訴字第 1517 號判決

　　既然法院最終認定是不當得利的範疇，那我直接用不當得利去提起訴訟如何呢？

案例　甲因所有土地經主管機關劃設為道路，而向主管機關提出請求不當得利之訴訟，向主管機關請求比照法定租金標準計算之不當得利。

　　法院認為，甲所有的土地在日據時期已成為供公眾通行之道路，為眾所周知，已形成公用地役關係，主管機關自非無法律上原因占有該土地，自無不當得利的問題。

　　由此可知，法院會先認定是否為公用地役關係，若非公用地役關係則可主張不當得利。

　　那麼我會想，既然法院認定這是公用地役關係，是不是就有徵收補償的必要。這件事你知、我知，於是法院說了，自然有徵收補償之必要。但是什麼時候徵收？補償多少？這都不是本案要探討的範圍了。

補充資料

・最高法院 88 年度台上字第 1683 號民事判決意旨

　　但早在日據時期已成為供公眾通行之道路。況系爭土地自 61 年起即變成新生南路，為不特定之公眾通行所必要，非僅為通行之便利或省時；而新生南路之興建為臺北市政府公開進行之公共工程，歷經多年完成之事實，為眾所周知，上訴人不能諉為不知，其既知自己之土地已為臺北市政府使用而未為阻止，則依司法院大法官會議釋字第 400 號之解釋，系爭土地已形成公用地役關係，應予認定。上訴人對系爭土地既已無法自由使用收益，形成因公益而特別犧牲其財產上之利益，依同一解釋，被上訴人自應依法律之規定辦理徵收，給予補償，不得僅因既成道路有公用地役關係而以命令規定繼續使用，毋庸同時徵收補償，而與平等原則相違。

　　惟何時徵收？補償額若干？乃行政爭訟問題，自非本件民事訴訟所應審究之範圍。系爭土地既已形成公用地役關

係，而為公眾通行使用，被上訴人即非無法律上之原因占有系爭土地，自不構成不當得利。從而上訴人本於不當得利之法律關係，訴請被上訴人賠償其損害，尚屬無據，不能准許。

看到這裡我們會想，好不容易熬過漫漫訴訟之路，法院認定符合公用地役關係，又能怎樣呢？徵收補償遙遙無期。

啊！個人利益受國家侵害，那我來申請國賠。

案例　甲主張主管機關修復堤防工程時，擅自占用其所有土地，但是主管機關並未依徵收程序辦理徵收，也沒有徵得甲同意，屬於不法侵害，而依國家賠償法規定，請求賠償。

法院認為，主管機關是為防止該堤防遭洪水沖潰而修復該堤防，主要是為保護國家人民的安全，甲即有容忍之義務，不得稱主管機關之行為屬於不法侵害其所有物，自不屬國家賠償法所規定得請求之情形。

所以國賠這條路也走不通了。

補充資料

・最高法院 82 年度台上字第 583 號民事判決意旨參照

查上訴人所有如附圖 A 部分所示土地，係供公眾為防洪公共利益而作為土堤使用，有公共地役關係存在，為原審所確定之事實，依民法第 765 條規定意旨，上訴人不得違反上開公用地役關係而為使用，從而被上訴人為防該土堤遭洪水沖潰而將之修築為水泥堤防，以保護雲林縣斗六市榴北里民

之安全，上訴人即有容忍之義務，不得謂係不法侵害其所有權，故被上訴人所爲，尚與國家賠償法第 2 條第 2 項及民法第 184 條第 1 項所指以故意或過失不法侵害人民（或他人）權利者有間，原審認上訴人不得依上揭法律關係請求被上訴人賠償損害，即無不合。

既然如此，那我的土地白白被使用，就毫無辦法嗎？

有侵害就有補償

因土地被認定爲既成道路，屬於對人民財產權遭受侵害，政府爲了補償這個侵害會給予一些稅捐上面的補償。

一、免徵地價稅

1. 既成道路如屬都市計畫公共設施保留地，亦即道路用地，可依土地稅法第 19 條免徵地價稅。
2. 既成道路如不屬於都市計畫道路用地，而是其他用途之土地，但實際上作爲公眾通行使用，則可依土地稅減免規則第 8 條第 10 款規定免徵地價稅。

補充資料

- 土地稅法第 19 條規定

都市計畫公共設施保留地，在保留期間仍爲建築使用者，除自用住宅用地依第 17 條之規定外，統按千分之六計徵地價稅；其未作任何使用並與使用中之土地隔離者，免徵地價稅。

・土地稅減免規則第 8 條第 10 款規定

　　私有土地減免地價稅或田賦之標準如下：無償供給政府機關、公立學校及軍事機關、部隊、學校使用之土地，在使用期間以內，全免。

二、免徵土地增值稅

　　依土地稅法第 39 條，被徵收之土地，免徵土地增值稅。

補充資料

・土地稅法第 39 條

　　被徵收之土地，免徵其土地增值稅。依都市計畫法指定之公共設施保留地尚未被徵收前之移轉，準用前項規定，免徵土地增值稅。但經變更為非公共設施保留地後再移轉時，以該土地第一次免徵土地增值稅前之原規定地價或前次移轉現值為原地價，計算漲價總數額，課徵土地增值稅。依法得徵收之私有土地，土地所有權人自願按公告土地現值之價格售與需地機關者，準用第一項之規定。經重劃之土地，於重劃後第一次移轉時，其土地增值稅減徵百分之四十。

三、免計入遺產稅總額

　　在遺產及贈與稅法第 16 條修法前，因條文並未規定到既成道路部分，故既成道路仍納入遺產課稅，然於民國 84 年 1 月 13 日修法後，遺產及贈與稅法第 16 條增列第 12 款，明文規定既成道路除建造房屋應保留之法定空地部分外，均可不計入遺產總額。

補充資料

• 遺產及贈與稅法第16條（民國84年1月13日修法前之舊法）

　　下列各款不計入遺產總額：

1. 遺贈人、受遺贈人或繼承人捐贈各級政府及公立教育、文化、公益、慈善機關之財產。

2. 遺贈人、受遺贈人或繼承人捐贈公有事業機構或全部公股之公營事業之財產。

3. 遺贈人、受遺贈人或繼承人捐贈於被繼承人死亡時，已依法登記設立為財團法人組織之教育、文化、公益、慈善、宗教團體及祭祀公業之財產。

4. 遺產中有關文化、歷史、美術之圖書、物品，經繼承人向主管稽徵機關聲明登記者。但繼承人將此項圖書、物品轉讓時，仍須自動申報補稅。

5. 被繼承人自己創作之著作權、發明專利權及藝術品。

6. 被繼承人日常生活必需之器具及用具，其總價值在四十五萬元以下部分。

7. 被繼承人職業上之工具，其總價值在二十五萬元以下部分。

8. 依法禁止或限制採伐之森林，但解禁後仍須自動申報補稅。

9. 約定於被繼承人死亡時，給付其所指定受益人之人壽保險金額、公教人員或勞工之保險金額及互助金。

10. 被繼承人死亡前五年內，繼承之財產已納遺產稅者。

11. 被繼承人配偶及子女之原有財產或特有財產，經辦理登記或確有證明者。

• 遺產及贈與稅法第16條（現行法規）

　　下列各款不計入遺產總額：

1. 遺贈人、受遺贈人或繼承人捐贈各級政府及公立教育、文化、公益、慈善機關之財產。
2. 遺贈人、受遺贈人或繼承人捐贈公有事業機構或全部公股之公營事業之財產。
3. 遺贈人、受遺贈人或繼承人捐贈於被繼承人死亡時，已依法登記設立為財團法人組織且符合行政院規定標準之教育、文化、公益、慈善、宗教團體及祭祀公業之財產。
4. 遺產中有關文化、歷史、美術之圖書、物品，經繼承人向主管稽徵機關聲明登記者。但繼承人將此項圖書、物品轉讓時，仍須自動申報補稅。
5. 被繼承人自己創作之著作權、發明專利權及藝術品。
6. 被繼承人日常生活必需之器具及用品，其總價值在七十二萬元以下部分。
7. 被繼承人職業上之工具，其總價值在四十萬元以下部分。
8. 依法禁止或限制採伐之森林。但解禁後仍須自動申報補稅。
9. 約定於被繼承人死亡時，給付其所指定受益人之人壽保險金額、軍、公教人員、勞工或農民保險之保險金額及互助金。
10. 被繼承人死亡前五年內，繼承之財產已納遺產稅者。
11. 被繼承人配偶及子女之原有財產或特有財產，經辦理登記或確有證明者。
12. 被繼承人遺產中經政府闢為公眾通行道路之土地或其他無償供公眾通行之道路土地，經主管機關證明者。但其屬建造房屋應保留之法定空地部分，仍應計入遺產總額。
13. 被繼承人之債權及其他請求權不能收取或行使確有證明者。

四、如屬公共設施保留地，可申請抵繳遺產稅額

　　依照遺產及贈與稅法施行細則第 44 條規定，若既成道路經都市計畫劃爲道路預定地，則可申請抵繳遺產稅款。反之，依照司法院大法官釋字第 343 號解釋理由書，非經都市計畫劃爲道路預定地，而由私人設置之道路土地，因主管機關並無徵收義務，所以不得申請抵繳。

補充資料

• 遺產及贈與稅法施行細則第 44 條

　　被繼承人遺產中依都市計畫法第 50-1 條免徵遺產稅之公共設施保留地，納稅義務人得以該項財產申請抵繳遺產稅款。依本法第 7 條第 1 項之規定，以受贈人爲納稅義務人時，得以受贈財產中依都市計畫法第 50-1 條免徵贈與稅之公共設施保留地申請抵繳贈與稅款。

• 大法官釋字第 343 號解釋理由書

　　倘其實物雖非不易於保管，但無從變價以供抵繳遺產稅之用者，如許抵繳，則國家反增無意義之保管負擔，即與母法意旨相違。財政部 71 年 10 月 4 日（71）臺財稅字第 37277 號函釋說明「本部（71）臺財稅字第 31610 號函釋『納稅義務人申請以遺產中之道路預定地或既成道路土地抵繳遺產稅款者，無論該土地是否已經當地縣市政府列入徵收補償計畫，均准予抵繳』，其所稱既成道路土地，係指依都市計畫劃爲道路預定地，且事實上已形成道路使用之土地而言，至非經都市計畫劃爲道路預定地，而由私人設置之道路土

地，不得比照辦理」，亦係基於同一意旨。其就非經都市計畫劃爲道路預定地，而由私人設置之道路土地，所以認爲不得比照辦理，乃因該項土地既非都市計畫中之道路預定地，主管機關並無徵收之義務，即屬不易出售變價之物，自無許其抵繳遺產稅之理。

這些補償相較之下寥寥無幾，但總歸是補償了。

請求權基礎何在？

但此時，你是不是會想，那這樣到底要釋字第 400 號的意義在哪？就單純解釋公用地役關係而已？

不是的，上面已經有提到了，釋字第 400 號是肯認人民享有損失補償請求權的，只是這項請求權需建立在國家「已有法律之規定」的前提下，也就是國家已經有訂定明確的補償方式的前提下，只要這個前提存在，那釋字第 400 號就可以成爲請求權基礎，請求有關機關應給予徵收補償。

但你還是會有疑問：假設今天國家怠於訂定相關法規，這樣釋字第 400 號不就永遠沒辦法被作爲請求權基礎使用了嗎？這樣對我侵害還是很大，我的權益還是受損而且沒辦法得到補償。

不要著急！隨著時光推移，總會有新的見解問世，我們來看下面這個解釋及相關實例，這些新的解釋及實例，將爲公用地役關係的窘局帶來一線曙光。

案例　甲所有 A 地於民國 78 年間經公所開闢為道路供公
　　　眾通行使用，甲請求公所應補辦徵收程序。

　　甲先以申請書請求公所補辦徵收，公所卻以財源困窘，
無經費可辦理徵收等理由回覆甲之請求，甲不服，再行訴願程
序，縣政府以甲並無請求徵收土地之公法上請求權，以及公所
所為之函文非屬行政處分為由，而訴願不受理，甲便向行政法
院提出行政訴訟。

　　實體部分，A 地在民國 78 年前不是既成道路，而是在民
國 78 年間因為公所開闢道路才變成供公眾通行使用的道路，且
周邊相鄰土地均經公所徵收完畢，僅有 A 地沒有徵收，所以本
案實屬漏未辦理徵收，非請求徵收案件。因可歸責於政府的原
因，在 78 年間沒有一併辦理徵收，基於平等原則，甲有請求政
府給付徵收補償費的請求權。

　　這時聰明如你，回想第一個案例，首先出現在腦海的是，
請求權基礎何來？

　　司法院於 106 年 3 月 17 日作成釋字第 747 號解釋，主要在
解決以下二點：

1. 土地徵收條例第 11 條規定，穿越私有土地的上空或地下，
   已超過土地所有權人社會責任所應忍受範圍，形成個人的特
   別犧牲，人民卻沒辦法主動請求給予補償，反而是由需用土
   地人即得利之一方主動提出要補償人民才有辦法得到補償，
   這是對人民財產權的侵害，有違憲法第 15 條之規定，自然要
   賦予人民主動請求徵收以獲補償的權利。

2. 土地徵收條例第 57 條規定，穿越私有土地的上空或地下，

需用土地人得就需要使用到的空間範圍與土地所有權人進行協議以取得地上權，如果協議不成，那就准用徵收規定取得地上權，但同理，明明是土地所有權人受有損害，卻是只規定土地需要人可以就需要到的空間範圍以協議方式或准用徵收規定取得地上權，卻反而沒有規定土地所有權人可以主動請求需用土地人申請徵收地上權，一樣違反憲法第 15 條之規定，一樣要賦予人民主動請求徵收以獲補償的權利。

因此從釋字第 747 號解釋中可以得知人民主動請求徵收補償的要件有以下三點：

1. 國家興辦事業之設施已實際穿越私人土地之上空或地下。
2. 逾越所有權人社會責任所應忍受範圍，形成個人之特別犧牲。
3. 國家對受侵害的人民未予補償。

也就是說，如果國家設施實際穿越私人土地之上空或地下時，需用土地人沒有依照徵收規定向主管機關申請徵收地上權的話，土地所有權人得請求需用土地人向主管機關申請徵收地上權時，釋字第 747 號解釋便可成為人民主動向主管機關申請徵收的請求權基礎，並得類推適用土地徵收條例規定向主管機關申請徵收，除賦予土地所有權人一個主動手段，而非被動的等待需用土地人發動徵收外，更提供國家及人民補償方式，可部分解決有關機關訂定明確的補償方式時，人民便因此無法主動提出申請徵收之窘境。

同時釋字第 747 號解釋亦說，相關機關應自解釋公布之日起一年內，進行修法。如果逾期未完成修法，那土地所有權人可以依本解釋意旨，請求需用土地人向主管機關申請徵收地上權。

白話就是：「我現在已經做了這個解釋了，給你立法院一

年時間修法，沒修好沒關係，之後土地所有權人就可以依照我這個解釋來去請求需用土地人發動。」由此更可證明釋字第 747 號解釋本身就是請求權基礎。順帶一提，我們的立法機關到現在仍然沒有進行相關修法。

所以，目前實務上釋字第 747 號解釋被廣泛利用於私有土地遭國家設施實際穿越而逾越所有權人社會責任應忍受之範圍，所形成個人之特別犧牲時，作為主動請求主管機關徵收的請求權基礎。

補充資料

• 釋字第 747 號解釋理由書

　　憲法第 15 條規定人民財產權應予保障，旨在確保個人依財產之存續狀態，行使其自由使用、收益及處分之權能，並免於遭受公權力或第三人之侵害，俾能實現個人自由、發展人格及維護尊嚴（本院釋字第 400 號、第 709 號及第 732 號解釋參照）。憲法上財產權保障之範圍，不限於人民對財產之所有權遭國家剝奪之情形。國家機關依法行使公權力致人民之財產遭受損失（諸如所有權喪失、價值或使用效益減損等），若逾其社會責任所應忍受之範圍，形成個人之特別犧牲者，國家應予以合理補償，方符憲法第 15 條規定人民財產權應予保障之意旨（本院釋字第 440 號解釋參照）。國家如徵收土地所有權，人民自得請求合理補償因喪失所有權所遭受之損失；如徵收地上權，人民亦得請求合理補償所減損之經濟利益。

　　按徵收原則上固然須由需用土地人向主管機關申請，然國家因公益必要所興辦事業之設施如已實際穿越私人土地之上空或地下，致逾越所有權人社會責任所應忍受範圍，形成個人之特別犧牲，卻未予補償，屬對人民財產權之既成侵害，自應賦予人民主動請求徵收以獲補償之權利。土地徵收條例第 57 條第 2 項爰規定：「前項土地因事業之興辦，致不能爲相當之使用時，土地所有權人得自施工之日起至完工後一年內，請求需用土地人徵收土地所有權，需用土地人不得拒絕。」以實現憲法第 15 條保障人民財產權之意旨。

　　系爭規定一係規範土地徵收前所應踐行之協議價購或以其他方式取得之程序，並未規定土地所有權人因公路等設施穿越其土地上方或地下，致逾越其社會責任所應忍受範圍，形成個人之特別犧牲，是否有權請求需用土地人申請主管機關徵收其土地或徵收地上權。是單就系爭規定一而言，尚不足以判斷公路等設施穿越土地之情形，國家是否已提供符合憲法意旨之保障。另前揭土地徵收條例第 57 條第 2 項雖賦予土地所有權人請求徵收之權，然該條項係就公路等設施穿越土地上空或地下致該土地不能爲相當使用所設。倘土地僅有價值減損，但未達於不能爲相當使用之程度，則無該條項之適用。且土地所有權人依該條項規定得請求徵收者，係土地所有權，而非地上權。故於土地遭公路等設施穿越但尚未達於不能爲相當使用之程度者，其所有權人尚無從依該條項請求徵收地上權。又系爭規定二雖規定需用土地人得就需用之空間範圍，以協議方式或準用徵收之規定取得地上權，但並

未規定土地所有權人得主動請求需用土地人向主管機關申請徵收地上權。整體觀察系爭規定一及二，尚與前開土地所有尚與前開土地所有權人得請求需用土地人向主管機關申請徵收地上權之憲法意旨有所不符。有關機關應自本解釋公布之日起一年內，基於本解釋意旨，修正土地徵收條例妥為規定。逾期未完成修法，有關前述請求徵收地上權之部分，應依本解釋意旨行之。

　　惟為維護法之安定性，土地所有權人依本解釋意旨請求徵收地上權之憲法上權利，仍應於一定期限內行使。有關機關於修正系爭規定二時，除應規定土地所有權人得自知悉其權利受侵害時起一定期間內，行使上開請求權外，並應規定至遲自穿越工程完工之日起，經過一定較長期間後，其請求權消滅。至於前揭所謂一定期間，於合理範圍內，屬立法裁量之事項。土地徵收條例第 57 條第 2 項一年時效期間之規定，有關機關應依本解釋意旨檢討修正，併此指明。

　　由此可知，當人民的財產權因國家機關為公益目的行使公權力而受有損害，基於財產權的社會義務性，在一定程度內為財產權人社會責任所應忍受的範圍，但若財產權人受損害的程度已逾越社會責任所應忍受的範圍，而有失公平時，即形成個人的特別犧牲，基於憲法第 7 條平等權、第 15 條財產權保障，國家應給予合理的補償。

　　儘管我們說，於法無據、法無明文，但總有立法疏漏之時，若僅因疏漏否定人民源自憲法的特別犧牲補償請求權，人民憲法權利的防禦功能即難以實現。所以，行政法院應得透過

憲法基本權條款、或是司法院的憲法解釋及法理，提供個案救濟。

因此，因公益而受特別犧牲的財產權人應享有補償請求權，特別犧牲的補償請求權源自憲法，可類推適用相類似的法令規範訴請法院實現。

最重要是這四個字：類推適用。

回到本案，A 地原先非屬具有公用地役關係之土地，與 A 地相鄰的其他土地亦均經徵收完竣，僅 A 地漏未徵收，卻自 78 年遭公所開闢道路供公眾通行使用，相較於其他鄰近土地，只有 A 地長期作為道路卻不需辦理徵收補償，不符合平等原則。

甲為公益受有特別犧牲，不予彌補顯失公平，法院認可甲享有補償請求權。

再來，A 地的現況與已經辦理徵收的土地沒有不同，亦即與需用土地人興辦事業徵收土地的情形相當，而可相提並論。參照司法院釋字第 747 號解釋，類推適用土地徵收條例，請求政府就 A 地報請內政部核准徵收後，予以金錢補償。

另外，本案中甲也有請求不當得利的部分，這裡我們也把不當得利拉出來一併討論。

公法上不當得利，目前還沒有一條法律加以規範，所以藉助民法不當得利制度來釐清。參考民法第 179 條規定，公法上不當得利返還請求權需具備以下四要件：

1. 須為公法關係之爭議。
2. 須有一方受利益，他方受損害。
3. 受利益與受損害之間須有直接因果關係。
4. 受利益係無法律上原因。

　　法院認爲，A 地作爲道路用地，受益者是通行的社會大眾，並非政府，所以並無公法上不當得利。

補充資料

• 羅昌發大法官在司法院釋字第 747 號解釋的協同意見書

　　「本號解釋雖未明示國家興辦事業之設施『穿越土地上空或地下』以外之一切侵害人民權益之情形，均適用本號解釋，然相較於國家已經實際上『使用私人土地地面』造成其無法自行利用之情形而言，如僅『穿越私人土地上空或地下』，對人民權利造成之影響顯然較爲低度；國家興辦事業之設施對人民造成侵害程度較低之穿越土地上空或地下情形，既然應賦予人民憲法上主動請求徵收之權利，則人民因國家興辦事業之設施造成侵害程度較高而遭受特別犧牲之情形，自更應有憲法上主動請求徵收之權利。此部分雖非本號解釋範圍，然將來本院面對此種情形，勢須作成相同憲法意旨之解釋。」簡言之，舉輕以明重，僅是穿越土地上空或地下，土地所有權人都享有地上權的徵收請求權，則侵害更爲嚴重，肇致土地利用可能性完全喪失的情形，犧牲更大，已逾社會責任所應忍受的範圍，更應依個案情形或類型賦予所有權的徵收請求權（同此結論：廖義男，大法官近三年有關土地法規解釋之評析及對相關土地法制度發展之影響，《法令月刊》第 69 卷，107 年 3 月，第 125 ～ 127 頁；陳明燦，土地所有權人徵收請求權之法律問題分析 —— 兼評司法院釋字第 747 號解釋，《台灣法學雜誌》第 329 期，106 年 10 月 14 日，第 32 ～ 33 頁；陳立夫，《前引論文》，第 29 ～ 30 頁）。

• 司法院釋字第 440 號解釋

人民之財產權應予保障，憲法第 15 條設有明文。國家機關依法行使公權力致人民之財產遭受損失，若逾其社會責任所應忍受之範圍，形成個人之特別犧牲者，國家應予合理補償。主管機關對於既成道路或都市計畫道路用地，在依法徵收或價購以前埋設地下設施物妨礙土地權利人對其權利之行使，致生損失，形成其個人特別之犧牲，自應享有受相當補償之權利。

參考資料：臺中高等行政法院 110 年度訴字第 38 號判決

那釋字第 747 號解釋在目前實務上是如何被運用呢？

案例　甲的 A 地為不具有公用地役關係的水利用地，但主管機關將 A 地納入排水大圳計畫範圍內，並已經在 A 地上建設相關設施，更已經開闢成排水溝供公眾使用。

甲先以陳情方式請求主管機關依法辦理徵收並發給徵收補償費，但主管機關卻以等之後財政寬裕或獲專案補助經費後再依法辦理徵收補償作業。

但甲認為主管機關的回覆有應作為而不作為之情形，便提起訴願程序，卻遭訴願決定不受理，於是甲便提起行政訴訟。

最後法院認為，依釋字第 400 號解釋，人民因公益受有特別犧牲時，享有補償請求權，而特別犧牲的補償請求權源自憲法，可類推適用相類似的法令規範訴請法院實現，所以本件個案具特殊情況，應承認甲享有因公益而特別犧牲的補償請求

權，並得參照釋字第 400 號解釋第 4 段關於平等原則及第 747
號解釋意旨，類推適用土地徵收條例相關規定，以訴請主管機
關報請上級主管機關核准徵收的方式實現甲的權利。

　　法院主管機關已經將 A 地實際開闢成排水溝供公眾排水使
用，甲因此喪失對 A 地的占有、使用、收益等權能，屬於為公
益而受有特別犧牲，如果主管機關仍繼續維持 A 地長期作為排
水溝使用的現況，卻不用辦理徵收補償，明顯與平等原則相違，
而與釋字第 400 號解釋第 4 段違反平等原則所述情節，具有相當
類似性，在這種情形下，甲明顯就是為了公益而受有特別犧牲，
不彌補甲的損失顯失公平，故應認甲享有補償請求權。

　　又 A 地已經經主管機關開闢供公眾排水使用，實質上來
說，A 地就跟土地徵收條例裡面需用土地人興辦事業徵收土地
的情況相當，可相提並論，舉重以明輕，釋字第 747 號僅是
穿越土地上空或地下，土地所有權人都享有地上權的徵收請求
權，則侵害更為嚴重，導致土地利用可能性完全喪失的情形
下，土地所有權人犧牲更大，可推知已逾社會責任所應忍受的
範圍，更應依個案情形或類型賦予所有權的徵收請求權。

　　最後，法院以依司法院第 400 號解釋第 4 段關於平等原
則之闡述，應肯認享有損失補償請求權，又基於事物本質的類
似性，補償方式應可參照司法院釋字第 747 號解釋，類推適用
土地徵收條例規定，請求主管機關報請上級主管機關核准徵收
後，給予甲金錢補償。

補充資料

行政給付訴訟：人民與中央或地方機關間，因公法上原因發生財產上之給付或請求作成行政處分以外之其他非財產上之給付，得提起給付訴訟，行政訴訟法第 8 條第 1 項前段定有明文。

行政處分以外之其他非財產上之給付：關於土地徵收，有核准徵收權限之行政機關為內政部，具徵收請求權者係需用土地人，需用土地人依法請求國家行使徵收權之前，應踐行土地徵收條例第 10 條、第 11 條等法定先行程序後，擬具詳細徵收計畫書，並附具徵收土地圖冊及土地使用計畫圖，送由內政部審查核准，並副知該管直轄市或縣（市）主管機關。又需用土地人踐行上開法定先行程序及擬具徵收計畫書圖文件，始向內政部申請辦理核准徵收之行政行為，僅屬徵收程序之機關間內部準備程序，為發動內政部作成徵收處分之內部行政行為，核屬事實行為，而非行政處分，本案件甲請求主管機關報請上級主管機關核准徵收之行為是屬機關內部行政行為而非行政處分，所以本案件屬一般給付訴訟之行政訴訟。

參考資料：高雄高等行政法院 111 年度訴字第 245 號判決、臺北高等行政法院 110 年度訴字第 1065 號判決

案例　甲的 A 地非具有公用地役關係之土地，位處都市計畫道路範圍，但經改制前縣政府開闢成為道路，且附近土地都已經主管機關徵收，就獨漏 A 土地沒有，甲便請求主管機關應予徵收補償。

　　甲先以陳情方式請求主管機關核准徵收，但經主管機關以所需經費過於龐大，且事涉通盤性問題，先登錄在案後再看財政狀況研議是否辦理。

　　甲不服便提出訴願，但經訴願駁回，便提出行政訴訟。

　　主管機關在訴訟中以 A 地在改制前縣政府時期就因為建築關係而自行預留道路，不是改制前縣政府將 A 地開闢成為道路，而且辦理徵收當時本來就沒有計畫要將 A 土地列入徵收範圍，所以沒有獨漏 A 土地，甲報請核准徵收 A 土地的請求，顯無理由。

　　後經法院調閱當時徵收相關文件，發現 A 地原本有被列入徵收範圍，後來遭刪除，再調取土地計畫書及當時 A 地申請建築執照所附現況圖說、當時地籍圖說後，確認當時 A 地確實因為建築申請指定建築線而自行預先留出道路沒錯，但土地計畫書時間早於 A 地因申請指定建築線而自行預先留出道路的時間，因此可得知 A 地在主管機關製作土地計畫書時並非具有公用地役關係之既成道路，A 地遭刪除而未辦理徵收，可歸責於改制前縣政府漏未辦理徵收。

　　所以甲所有 A 土地原非具有公用地役關係的既成道路，因可歸責於改制前縣政府的原因，漏未併同鄰地辦理徵收，卻開闢成為供公眾通行使用之道路，實與土地徵收條例裡面需用土地人興辦事業徵收土地的情況相當，為因公益受有特別犧牲，依司法院釋字第 400 號解釋第 4 段關於平等原則之闡述，應肯認享有損失補償請求權，又基於事物本質的類似性，補償方式應可參照司法院釋字第 747 號解釋，類推適用土地徵收條例規定，請求主管機關報請上級主管機關核准徵收後，給予甲金錢補償。

　　但是，是所有土地所有權人只要因公益受有特別犧牲都可以依據釋字第 747 號解釋主動請求國家給予徵收補償嗎？

　　不是這樣的，請看以下案例：

案例　甲主張其所有 A 地非具有公用地役關係之既成道路，係經主管機關後開闢成道路始開始供公眾通行，認為主管機關應給予徵收。

　　甲先以陳情方式請求主管機關徵收 A 地，主管機關以 A 地於日據時代即為道路，係屬既成道路範疇，因目前財政困難無法統籌研議辦理，待經費籌妥後再行辦理。

　　甲不服，便提出訴訟。

　　法院調取相關資料確認 A 地確實在日據時代即為道路，自屬釋字第 400 號所規定之具有公用地役關係之既成道路，因釋字第 400 號已明確說明國家應依法律規定辦理徵收補償，而無賦予土地具公用地役關係之所有權人得以該釋字請求國家為徵收之權利，甲自不得以釋字第 747 號解釋擴張至土地所有權人得請求需用土地人，向徵收主管機關申請徵收土地所有權之情形，而駁回甲之請求。

參考資料：臺中高等行政法院 111 年度訴字第 148 號判決

　　看完上面幾個案例，可以知道目前實務上運用到釋字第 747 號解釋的案例都有幾個共通點，其一土地本來不是具有公用地役關係的土地，其二則是國家有在土地上興建事業設施導致土地所有權人實際受有損害，在這種情形下，基於釋字第 400 號肯認人民享有損失補償請求權之前提下，人民才可以依照釋

字第 747 號解釋主動請求國家給予徵收賠償，法院才會特別同
意擴張釋字第 747 號適用範圍並准予類推適用土地徵收條例之
規定進行徵收，若非具有上開情形，法院仍認爲釋字第 747 號
實際上僅適用於地上權徵收補償而不能擴張適用到土地徵收補
償。

補充資料

　　目前實務上仍有部分法官認爲釋字第 747 號適用範圍
僅限於「請求徵收地上權」，並提出司法院大法官雖以多號
解釋論明現行土地徵收補償等規範缺漏，造成人民有特別犧
牲而未受國家補償，要求立法者應制訂相關法律，然釋字第
747 號於 106 年 3 月 17 日作成後，就土地徵收條例仍未有
相應之修正，顯見立法者本身並無制定、修正相關法律的意
思，此立法不作爲顯然已經彰顯立法者是有意不予規定，也
就是說目前未有法規明定「有將釋字第 747 號意旨擴張至土
地所有權人得請求需用土地人，向徵收主管機關申請徵收土
地所有權之情形，那法院自然不得僭越立法機關之權限，以
類推適用之法律續造方式，代替立法者之民主意志與價值抉
擇。」

參考資料：臺北高等行政法院 111 年度訴字第 419 號判決、臺中高等行
政法院 111 年度訴字第 148 號判決

　　前面舉了許多實例，那現實生活中的既成道路會對建築有
什麼影響呢？

都是既成道路惹的禍

　　這個案子，法官說，因為是既成道路，地主設置危害他人身體法益的設施，所以判地主輸了。但是，我覺得此案子有幾個曖昧不清之處：

1. 既成道路的判定位階，是屬於「公法」認定，而非「私法」判斷，所以民事法官，為何可以斷定「公法」的範圍？

2. 若如文中所述，這土地為「私設通路」，更不可能變成「公法」認定的既成道路。

3. 又這土地，有民眾通行是三十五或三十三年前發生的，也不符合大法官 400 號解釋令，「年代久遠不復記憶」的定義。

　　既成道路的判定，在一般的行政行為上，要看該土地是否有公務機關，依道路管理條例，養護為道路。也就是說，即使大多數人行走，又附近居民依賴此地，有其社會功能性，再經公務機關認定，甚至補償，才能形成既成道路。

　　所以：

1. 買賣土地、房子，一定要確定面前道路，其道路的位階，以及建築線的屬性。

2. 「公用地役關係」的既成道路，尚未屬建築技術規則第一章第 36 款，「公告」道路，也就是，「有路」不一定可以建築，或者可以合法使用（通行）。

　　本案的判決，在法理上相當薄弱，應該可以推翻。

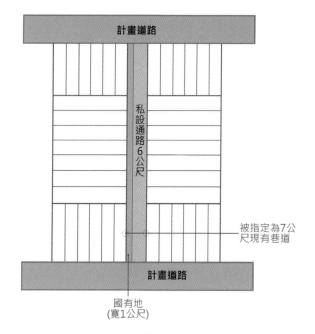

圖 2-1

像愛情一樣的建築線

最近臺灣正在面對「特定工廠」土地變更用地的行政流程。這一套像「早產兒」的法規，看似懷胎六個月就被剖腹生產的「早產兒」，要一直躺在 ICU 的保溫箱裡插管治療，且給足充足的氧氣，才能活下去。

其中，在取得「特登」之後，最大的問題就是「指示建築線」。因為農地工廠有 95%，是位於沒有政府依法維管的「類」既成道路，或是水利用地上。這類看是「道路」的假「既成道路」，在面對用地計畫時，才知道問題病灶，可能已經病入膏肓。很多代辦業者為了接案，把自己吹噓的天花亂墜，飛天鑽

地（臺語）。在無法指定建築線時，才明白何謂潮水退了，誰沒有穿褲子的狀況。

　　因此有許多辦不下去的案子，來找我們。但由於諸多因素，我們又不接他人經手過的案子。一來，其中可能有不足為外人道之處，不想涉入他人的恩怨；二來，他人辦不出來，我們若辦好了，也會打了他人的臉，暗結梁子，實為不智。

　　但人生總會有一些，像蒲公英一樣，看似自由，卻身不由己。在長輩的請託下、德高望重人士的關愛中，以及自我挑戰的情緒裡，我們還是會接一些像愛情一樣、他人已經搞砸弄糊、剪不斷理還亂的案子（尤其是建築線）。如此，我們才能繼續體會世間冷暖、世事無常，在痛苦掙扎的每一天中，證明自己還活著的生命歷程。

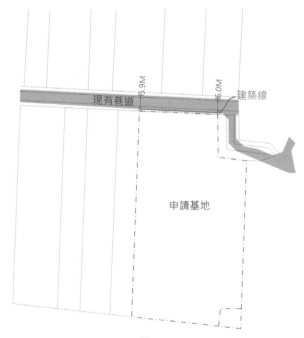

圖 2-2

一則購地自建的故事

建築不難，複雜的是土地；土地也不難，難的是箝制土地使用管制的法規。

一對夫婦，丈夫殷實勤勞，妻子勤儉持家，是天造地設的一對。二人努力就是為了一簡單的夢想——購地自建一處能安居樂業、充滿幸福的家。

近一、二年他們有了些積蓄，就有了築夢的本錢，便開始在高雄、臺南附近覓位尋地、訪村找景。評估不同的地點，與他們生命互動的可能。也是思量餘生何在，以及回憶的空間劇本，要以何處鄉關為場景，與孩子們一起撰寫。

二人有了美好的願景，開始尋覓心田場地，購地置產的過程中好事多擾、百般折衝。因為二人生性善良，面對因購地過程見識到的人生百態，也皆能與人為善，和睦為之。這過程雖一波三折，最後終於找到一處面對海景的土地，前無建物橫檔，只有波瀾壯闊的大海，令人心生嚮往。

然而再好的夢想、再好的想像，皆要面對臺灣對於土地多如牛毛的管制、顢頇無理的法規。在購地之後，當指定建築線時即發現，基地中竟然有一條存在已久的「現有巷道」。美好夢想立即變成難以處理的夢魘了。

當他們找我時，可惜木已成舟，評估了他們給的資料，在當今的法規下，地雖然還是可以蓋房子，只是很難使用；也因此無法構成買賣契約中「瑕疵物之擔保」，向原地主求償。

而在其中的居間人，似乎早有一套冠冕堂皇的脫罪之詞，其內容可稱是驚天地、泣鬼神。又前地主提供他人成為「現有巷道」的從物尚且存在，所以又無法辦理「廢除現有巷道」。

　　購地自建眞的需要有一套清楚的系統邏輯，以及有實質經驗的團隊。從購地的條件、建築的設計、營造廠選擇、取得使用執照、保存登記、銀行貸款……等，需要事事清楚、步步爲營。否則很容易在世風日下，人心不古的買賣文化中，成爲最後一隻老鼠；在暗藏風險、無人當責的法令規範中，成爲代罪羔羊。

　　購地自建的夢想在國內很難構築，不可輕忽。有關土地，更不可掉以輕心。

　　請大家參考爲之。

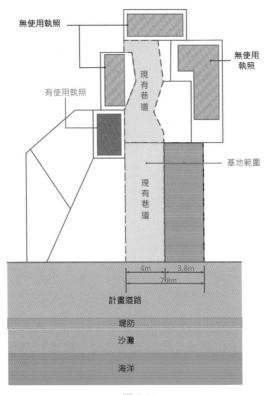

圖 2-3

每一條建築線，都是「關係」連結而成的

　　有位事業有成的企業家，五十歲出頭、神采奕奕、風度翩翩。經長輩介紹，先來上課，課後又請長輩擺一晚宴。看來，案情又不單純了。

　　他為資助家族其他成員，將自己的出生地──窮鄉僻壤的甲種建地（最重要的是，很難指出建築線），全數收購。就土地開發而言，收購這塊土地，無疑是完全失敗的決定，而且還是一定可以編上教科書等級的錯誤。尤其是「建築線」，其困難等級不下於一位國民黨黨員，要選上臺南市市長的程度。

　　席間，他先乾為敬地說：「姑且不論這二甲地的開發價值，目前就指定建築線而言，請王建一定要出手幫忙。」

　　仔細端詳這塊地及其連通道路（如下圖），果然極其複雜：

1. 要證明土地公廟至甲橋之間的通道，為「既成道路」，真的有一定的難度。因為只有 3 公尺寬的「保甲路」，還是屬於私權。

2. 若可以證明是既成道路，在公告為「現有巷道」時，因為路地有太多人持有，也易有他人提出「異議」。也就是說，這將是一條充滿著「鄰里關係」，而非「公用地役關係」的建築線。

　　他說：「王建，只要您出手指點，鄰里關係的部分我負全責，以和為貴，絕不以鄰為壑。」

　　經過了一年多的努力，因他不斷的調和鼎鼐、誠心拜訪，這建築線總算指定完成。我向他表示佩服之意，而他說了一句

寓意深遠的話：「每一條路及建築線，都是由『關係』連結而成的。」

妙哉，甚哉。

圖 2-4

讓一塊死地，起死回生

　　承上（前一篇），這塊慘得像命案現場的地，其地主 W 先生在取得建築線之後，要約時間見面，且先表達：「想與你聊聊，這一塊沒有『開發價值』的土地，到底可以怎麼用？」

　　是的，這是一塊幾乎無法「開發建築」的土地，因為即使指定了建築線之後，基地周圍臨建築線的寬度只有 230 公分。嚴格來講，這是一塊 6,000 坪的畸零地。有以下原因：

1. 甲種建築用地，在這個縣市寬度至少要 3 公尺。
2. 若是一定要建築，總樓地板面積大概在 300 坪左右。
3. 若是沒有「分照」，總樓地板面積大概在 150 坪左右。
4. 因為已經 230 公分臨接建築線，所以沒有辦法用旁邊的農地作「私設通路」。

　　以上四點，拳拳到肉，刀刀斃命，讓這塊地，大概是處在加護病房，插管治療。

　　所以我向 W 先生表達：「來聊聊天可以，但是千萬不要抱太大的期望，我不是神。除非您可以逆向思考，放棄治療，才能死而後生。」

　　他笑了笑的說：「王建，我們來玩，你在課堂上提到的『將物權債權化』的遊戲。」於是，有好戲上場了。

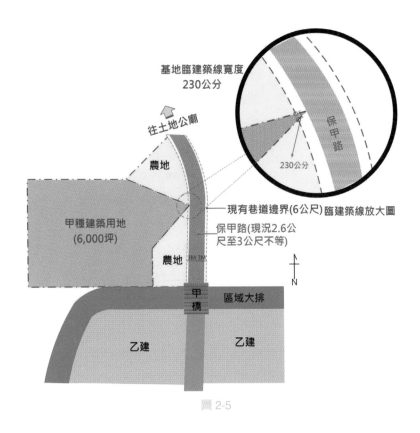

圖 2-5

　　以上四點的原因，請各位看官務必卯盡全力，一定要想辦法弄清楚。才能將這塊地，從死亡邊緣當中救回來。

既成道路並非一成不變

　　前面都在討論公用地役關係的處理，那我的土地變成既成道路後就不能終身都是既成道路了嗎？沒救了嗎？

　　不是的，其實釋字第 400 號解釋還有處理到廢止既成道路的部分，這是一般人容易忽略的部分。也就是說，一日為既成道路，並非終身為既成道路。

案例　甲所有的 A 地上有一 L 型部分，於 94 年間經縣政府認定為既成巷道，並經整編為○○路○○巷巷道，供該地區居民出入使用，然而於 103 年間因建物整編、人口流動及該地區南側增加一條道路可供該地區居民出入使用，故甲請求政府廢止該 L 型巷道。

甲先以書面請求政府廢止巷道，然經該政府現有巷道廢道或改道審議委員會作成決議，以新增道路面積狹窄，消防車不易行駛且無法迴轉，為維護救災之機動性，決議不予廢除。

甲再行訴願程序，經內政部認為無理由，駁回甲的訴願決定。甲不服，便開始一連串的訴訟程序。

法院認為，既成巷道是對於人民私有土地使用、收益的一種限制，使人民的財產權受到特別犧牲，所以既成巷道並不是一成不變，若因為地理環境或人民狀況改變，既成道路已經喪失原本的功能，則機關自應隨時檢討並予以廢止。既然該巷道內僅有三個門牌經設籍，其他門牌都沒有人設籍，可知該地區住戶稀少，且新增加的道路寬度約 4.2 公尺，已足夠供消防車行使，該巷道自無存在之必要。

由此可見，土地被認定為既有巷道後，仍可因時空背景或地理環境變動，而請求廢止該既有巷道。

補充資料

・司法院釋字第 400 號解釋理由書

公用地役關係並非一成不變，會因地理環境或人文狀況改變，使既成道路喪失其原有功能，故應隨時檢討並予廢止。且私有土地存在公用地役關係時，有關機關應依據法律辦理徵收，並斟酌國家財政狀況給予相當補償，各級政府如因經費困難不能對此種道路全面徵收補償，亦應訂定確實可行之期限籌措財源逐年辦理，或以其他方法彌補人民之損失。

參考資料：臺北高等行政法院 109 年度訴字第 1517 號判決

前面我們討論的主體都是道路的所有權人，接下來這個例子我們看看既成道路的「公眾」部分，誰可以主張既成道路的通行呢？

貪心不足蛇吞象

案例　甲自民國 76 年起便以乙所有之 A 空地作為每日通行之聯外道路，某日乙將 A 空地部分上搭建圍籬，僅留有 1.8 公尺之通道，致甲無法駕駛汽車通行該巷道，故甲提起請求主管機關確認 A 空地公用地役關係存在。

甲向主管機關檢舉乙占用既成道路，因主管機關認既成道路部分僅該 1.8 公尺寬度部分，其餘部分並非屬既成道路而不受理。

甲再行訴願程序，經內政部認爲無理由，駁回甲的訴願決定。

甲不服，遂向行政法院對主管機關提出行政訴訟，乙則爲該訴訟之參加人。

法院認爲，甲對於 A 空地的既成道路僅具有可通行該既成道路的反射利益。也就是說，因爲 A 空地 1.8 公尺部分被主管機關認定爲既成道路，所以甲才能理所當然的通行，不然 A 空地其實是屬於乙個人財產。甲原本是連通行都不能通行，因爲主管機關之行政行爲，所以甲才受有可通行 A 空地這個附帶利益，甲沒有因爲附帶利益受到侵害而請求主管機關認定 A 空地爲既成道路這個權利。

補充資料

反射利益：指行政機關追求及實現公共利益的過程中，間接對一般民眾附加產生的事實上利益。受有反射利益的人，因爲其所受影響的，並非權利或法律上利益，因此，人民不能因反射利益受侵害而提起行政訴訟。例如：根據停車場法第 10 條規定，地方政府負有在都市計畫中劃設或增設停車場用地的責任，此項義務的履行，目的在於增加區域的停車便利性，但同時也會對該區域的土地產生增值作用，讓土地所有權人因此獲利，此種土地增值的利益就是因爲停車場法規定所產生的反射利益。

- 最高行政法院 94 年度判字第 2076 號判決意旨及 95 年度裁字第 80 號裁定意旨

　　所以稱公用地役關係而不稱公用地役權，蓋因其成立僅在限制土地所有權人，使受拘束，不得反於公眾通行之目的而使用其土地，並無相對應享受公用地役關係之權利人。公用地役關係因不特定公眾之通行而成立，乃基於公眾利益而存在，個人之得以通行而受利益，爲承認公用地役關係後附隨所生，係屬反射利益，利用該土地通行之個人對之並無任何權利可言。故縱爲具有公用地役關係之既成巷道，僅行政主體基於行政目的得爲主張，一般不特定民眾僅能向行政機關陳述意見或表示其願望，亦即一般不特定人民並無向行政機關請求將其他私人所有之土地認定爲具有公用地役關係之既成巷道之公法上權利，是此，人民單純以公用地役關係爲確認訴訟之標的，本質上即欠缺訴之利益。

參考資料：高雄高等行政法院 104 年度訴字第 23 號判決

　　我們探討公用地役關係，一定會用到的就是司法院大法官釋字第 400 號。

　　我國對於公用地役權並無規範，也沒有任何法律就既成道路爲定義性規定。現行行政實務上所謂公用地役關係，或既成道路的概念，都是源自司法院大法官釋字第 400 號。但是司法院大法官釋字第 400 號是怎麼來的呢？聲請人當初又是爲什麼會聲請大法官釋字呢？

司法院大法官釋字第400號的由來

　　我國對於公用地役權並無規範，也沒有任何法律就既成道路為定義性規定。我國現行行政實務上所謂公用地役關係，或既成道路的概念，都是源自司法院大法官釋字第 400 號。但是司法院大法官釋字第 400 號是怎麼來的呢？聲請人當初又是為什麼會聲請大法官釋字呢？請看以下說明。

　　嘉義市東門段 6 小段 42-1 地號土地，因供巷道使用六十餘年，原告請求嘉義市政府辦理徵收補償，但嘉義市政府以行政院 67 年 7 月 14 日台內字第 6301 號函與同院台 69 內字第 2072 號函為由，再以中央及上級機關未核撥專款補助，單憑嘉義市政府之地方財源實在無法支應，以現階段無法辦理徵收為由，拒絕聲請人的請求，聲請人不服，提起訴願、再訴願，都遭決定駁回，便向行政法院提出行政訴訟。

　　但行政法院以 82 年判字第 2479 號駁回聲請人的訴訟，判決理由如下：

按公共交通道路之土地不得私有；其已成私有者，得依法徵收之，土地法第 14 條第 1 項第 5 款及第 2 項固定有明文。

　　惟既成道路內之私有土地應否辦理徵收補償？

　　行政院曾以 67 年 7 月 14 日台內字第 6301 號函規定，「政府依都市計畫主動辦理道路拓寬或打通工程施工後道路形態業已改變者，該道路範圍內之私有土地，除日據時期之既成道路目前仍作道路使用，且依土地登記簿登載，該土地於總登記時已登記為『道』地目者，仍依前項公用地役關係繼續使用外，其餘土地應一律辦理徵收補償。」同院台 69 內字第 2072 號函

復補充規定，謂台 67 內字第 6301 號函說明，核釋日據時期既成道路仍依公用地役關係繼續使用一節，乃係顧及地方財政困難，一時無法籌措鉅額補償，並非永久不予依法徵收，依土地法第 14 條：「公共交通道路土地不得私有……其已成為私有者，得依法徵收之。」之原旨，作如下之補充規定：「今後地方政府如財政寬裕或所興築之道路，曾獲上級專案補助經費或依法徵收工程受益費、車輛通行費者，則對該道路內私有既成道路土地，應一律依法徵收補償。」是行政院上開函示規定，係就地方政府財政困難所為，且已宣示該項土地並非永久不予依法徵收，自難謂其與首開法條規定牴觸。

也就是說行政法院以行政院的二個函示為判決基準，認為行政院函示已經就地方政府遇到財政困難時應如何處理，且已說明該部分土地並非永久不予依法徵收，嘉義市政府確實是因為地方財政困難無力辦理徵收，當然就沒有違背土地法依法徵收的規定，因而判決駁回聲請人的訴訟。

聲請人不服，便以行政院 67 年 7 月 14 日台內字第 6301 號函及同院 69 內字第 2072 號函違反憲法第 15 條、第 23 條、第 143 條及第 172 條規定，侵害聲請人受憲法保障之財產權為由，而聲請大法官解釋，所以有了釋字第 400 號。

人民可以依司法院釋字第400號，請求政府機關給付徵收補償費用嗎？

　　有看過前面案例的讀者們，對於這個問題應該很清楚了。

　　司法院釋字第 400 號雖然定義出既成道路的要件，並且說明國家應依法律之規定辦理徵收給予補償，但依目前實務見解，司法院釋字第 400 號並不得作為向國家請求財產上給付之公法上原因或請求權基礎。

・臺北高等行政法院 89 年度訴字第 196 號判決

　　至司法院釋字第 400 號解釋固指既成道路成立公用地役關係者，其所有權人因公益而特別犧牲其財產上之利益，國家自應依法律之規定辦理徵收給予補償，若在某一道路範圍內之私有土地均辦理徵收，僅因既成道路有公用地役關係而以命令規定繼續使用，毋庸同時徵收補償，顯與平等原則相違等語，惟該解釋內亦明言「國家應依法律之規定辦理徵收給予補償」，亦即應依實定法之規定辦理徵收給予補償，而非謂「國家應依本解釋辦理補償」；此另由該號解釋亦敘明：「……各級政府如因經費困難，不能對上述道路全面徵收補償，有關機關亦應訂定期限籌措財源逐年辦理或以他法補償。」等語，足證該解釋僅係為國家立法及施政之指針，並非可作為向國家請求財產上給付之公法上原因。

・最高行政法院 94 年度判字第 1612 號判決

　　惟該解釋既明言「國家應依『法律』之規定辦理徵收給予補償」，其所稱之法律，揆諸法律保留原則係指國家所制定之法律而言，自不包括該號解釋在內，抑且該號解釋理由亦敘

明：「……各級政府如因經費困難，不能對上述道路全面徵收補償，有關機關亦應訂明期限籌措財源逐步辦理或以他法補償。」等語，足證該解釋僅係為國家立法及施政之方針，並非可作為人民得向國家請求土地徵收之法律基礎，上訴人就此所為之主張，尚無可採。

• 臺北高等行政法院 98 年度訴字第 2588 號判決

司法院大法官釋字第 400 號解釋：「既成道路符合一定要件而成立公用地役關係者，其所有權人對土地既已無從自由使用收益，形成因公益而特別犧牲其財產上之利益，國家自應依法律之規定辦理徵收給予補償，各級政府如因經費困難，不能對上述道路全面徵收補償，有關機關亦應訂定期限籌措財源逐年辦理或以他法補償。」並不為應即予徵收補償之強制規定，難認原告有據以請求徵收補償之權利。

• 臺中高等行政法院 108 年度訴字第 158 號判決

另司法院釋字第 400 號解釋既稱「國家應依『法律』之規定辦理徵收給予補償」，其所稱之法律，揆諸法律保留原則係指國會所制定之法律而言，自不包括該號解釋在內，且該解釋理由書亦明言「國家應依法律之規定辦理徵收給予補償」，亦即應依實定法之規定辦理徵收給予補償，而非謂「國家應依本解釋辦理補償」；此由該號解釋亦敘明：「……各級政府如因經費困難，不能對上述道路全面徵收補償，有關機關亦應訂定期限籌措財源逐年辦理或以他法補償。」等語，足證該解釋僅係為國家立法及施政之指針，並非可作為人民向國家請求作成徵收補償處分之請求權依據甚明。

另外一些跟徵收有關的概念，我們可以提出來一併了解一下。

類似徵收之干涉概念

案例　甲所有 A 持分土地經編定為公共設施道路用地，並供交通道路使用，逕與工務局養護工程處申請協議購價或徵收土地，經工務局養護工程處拒絕。甲不服，於是提出訴訟。

市政府以工務局養護工程處非徵收補償之主管機關，逕以其名義為處分。行政管轄難謂適法為由，將工務局養護工程處之處分撤銷，並命令為處理。再經市政府以 A 持分土地位於二條道路上，其中一條道路已達都市計畫寬度，無另外的開闢計畫，另一條已錄案列入之後年度視財源狀況通盤檢討，並於有開闢計畫時依法辦理徵收為由，拒絕甲的請求。甲不服，提出訴願，遭決定駁回後，便提出行政訴訟。

甲於訴訟中主張本件符合類似徵收之干涉情形，抑或者基於衡平原則及大法官釋字第 400 號規定，自有權請求價購、徵收或補償。

法院就甲主張請求徵收 A 持分土地部分以下列理由，駁回甲的請求：

首先，提起行政訴訟法第 5 條的課予義務訴訟，是人民依法申請的案件，中央或地方機關在法令所定期間內應作為而不作為、或予以駁回，有損人民權利或法律上利益為必要。

而依法申請的案件，是指人民依法規的規定，對國家享有公法上請求權。

但土地徵收是國家因公共事業需要，對於人民受憲法保障的財產權，經由法定程序予以剝奪。因而，土地徵收只能基

於有利於公共事業之公益需要，由國家依法令所定法定程序所做。

由此可知，土地徵收僅有國家作為徵收權之主體，一般人民除法律別有規定外，並無請求國家徵收其所有土地的公法上請求權。

而大法官釋字第 400 號不用多言，用並非請求權基礎處理了。

參考資料：臺北高等行政法院 92 年度訴字第 374 號行政判決

各種不同的「道路」

就道交處罰條例中的道路、司法院釋字第 400 號中的道路到建築法規中的道路，在法律上的概念都不一樣，臺北高等行政法院 109 年度訴字第 1358 號判決中，針對以上道路給出不一樣的解說，以下擷取該判決中對於各種道路不同概念的說明。

一、道交處罰條例中「道路」之概念

為加強道路交通管理，維護交通秩序，確保交通安全，乃制定道交處罰條例，此為道交處罰條例第 1 條所宣示。

因此，同條例第 3 條第 1 款就本條例所規範之對象，即道路，做了最廣義的定義：「指公路、街道、巷衖、廣場、騎樓、走廊或其他供公眾通行之地方。」是舉凡任何「事實上」供人車公眾通行之地點，既均有維護其交通安全之必要，則凡使用道路者，皆需遵守交通安全規則，違反者，即形成其他用路人之風險，應予以處罰，藉以管理。因此，立法者以例示性的立法模式，選擇「事實上供公眾通行」作為唯一特徵，形成道路之概念。

　　於是乎，土地只要實際供公眾通行，權屬究竟為國家或私人所有，都市計畫之使用分區是否為為何，乃至於是否為計畫道路、既成道路，或現有巷道，都不納入考慮，只要於其上違反道路交通安全規則，而有可能影響其他用路人安全者，即有必要認定為道路，予以規範。

　　只要有實際供公眾通行的事實，不管國家或私人所有，都屬道交處罰條例中的道路，但是若無法證明土地事實上是作為道路使用，就不算道交處罰條例中的道路。

二、建築法第 48 條「現有巷道」以及直轄市、縣（市）政府依據該法第 101 條授權制定之建築管理自治條例中所謂「現有巷道」之概念

　　建築法對於建築線未設定義，對於「現有巷道」，則於第48 條第 2 項授權由直轄市、縣（市）政府依據「地方情形」訂定建築管理規則規範之。如何為「現有巷道」適當之認定標準？

　　其相關標準之討論，首見諸於內政部 75 年 3 月 19 日台（75）內營字第 378352 號函（附本院卷二第 377 頁）所示：「按建築法第 48 條第 2 項明定，對已公告道路以外之現有巷道，直轄市、縣（市）主管建築機關認有必要時得另定建築線，俾利於人民申請建築。至於『現有巷道』之認定範圍及退讓建築線之辦法，應由省、市政府於建築管理規則中訂之。惟揆諸目前地方都市發展與實際執行需要，有必要就『現有巷道』之認定標準統一規定。

茲經多方研議，以為所稱『現有巷道』之範圍宜包括下列情形：
1. 依『民法』規定供公眾通行，具有公用地役關係之巷道。

2. 私設通路經土地所有權人出具土地使用權同意書或捐獻土地，供公眾通行並依法完成土地登記手續者。

3. 建築法 73 年 11 月 7 日修正發布前，依規定指定建築線有案部分之現有巷道，其經地方主管建築機關認定無礙公共安全、公共衛生、公共交通及市容觀瞻者。」

　　嗣臺灣省建築管理規則（94 年 6 月 20 日廢止）依此修正，第 4 條規定：「（第 1 項）本規則所稱現有巷道包括下列情形：

1. 供公眾通行，具有公用地役關係之巷道。

2. 私設通路經土地所有權人出具供公眾通行同意書或捐獻土地為道路使用，經依法完成土地移轉登記手續者。

3. 本法 73 年 11 月 7 日修正公布前，曾指定建築線之現有巷道，經縣市主管建築機關認定無礙公共安全、公共衛生、公共交通及市容觀瞻者。（第 2 項）前項第 1 款所稱供公眾通行之巷道應由縣市主管機關就其寬度、使用性質、使用期間、通行情形及公益上需要認定之。」奠定日後各地方自治團體自行訂立自治條例以認定「現行巷道」之基礎標準。

　　只要符合以下三個要件的其中一個，就屬建築法中的道路。

1. 依「民法」規定供公眾通行，具有公用地役關係之巷道。

2. 私設通路經土地所有權人出具土地使用權同意書或捐獻土地，供公眾通行並依法完成土地登記手續者。

3. 建築法 73 年 11 月 7 日修正發布前，依規定指定建築線有案部分之現有巷道，其經地方主管建築機關認定無礙公共安全、公共衛生、公共交通及市容觀瞻者。

補充資料

　　判決中又特別強調建築法規所參照的內政部函釋及臺灣省建築管理規則的道路與司法院釋字第 400 號的道路雖然都有提到公用地役關係，但實際上是不一樣的概念，而且建築法規中的道路僅限於建築規則技術層面之判斷，並不涉及任何確認或形成權利之效力，以下爲判決中法院認爲建築法規所參照的內政部函釋及臺灣省建築管理規則的道路與司法院釋字第 400 號的道路提到的公用地役關係不同之點：

1. 前揭內政部函釋及臺灣省建築管理規則，雖均論及「供公眾通行，具有公用地役關係之巷道」爲「現有巷道」，但其作成均早於司法院釋字第 400 號解釋對於具有「公用地役關係」之「既成道路」之闡釋；尤其，內政部函釋論及公用地役關係時，尚且特別指明爲：「依『民法』規定供公眾通行，具有公用地役關係之巷道。」而司法院釋字第 400 號解釋理由書也特別說明：「公用地役關係，此乃私有土地而具有公共用物性質之法律關係，與民法上地役權之概念有間」、「至於依建築法規及民法等之規定，提供土地作爲公眾通行之道路，與因時效而形成之既成道路不同，非本件解釋所指之公用地役關係，乃屬當然」由此可知，臺灣省建築管理規則即現行地方建築管理自治條例之前身中所謂「供公眾通行，具有公用地役關係之巷道」之「現有巷道」與司法院釋字第 400 號解釋所稱「公用地役關係之既成巷道」之意涵未盡一致，未可貿然相互轉繹，彼此引證。

2. 前述關於「現有巷道」之認定標準，乃源於建築法授權制訂之「建築管理規則」，其性質是種建築管理之「技術性規定」，純粹僅是在描述特定建築基地得否申請所臨巷道指定為建築線之「事實面基礎」；亦即，合於現有巷道該等技術性規定者，適當指定為建築線，建築法地方主管機關得據此，就特定建築執照之申請指定建築線，而發生建築法上之效力，資以實踐「維護公共安全、公共交通、公共衛生及增進市容觀瞻」等建築法規範目的。從而，依照**現行法令，地方建築主管機關就特定土地是否得充為特定建築基地所臨接現有巷道，而得指定為建築線之認定，限於建築規則技術層面之判斷**，有關土地於個案經申請指定建築線時，所為是否符合建築技術規範而得為現有巷道之事實認定，當然也就不可想像有超出於建築法指定建築線以外之作用；尤其，更不可能發生任何確認或形成權利之效力。

參考資料：臺北高等行政法院 109 年度訴字第 1358 號行政判決

　　日常生活中也會因為道路定義不同，導致遇到狀況時會產生不同的結果。

案例　　小美在家門口前擺攤，經警察局以未經許可在道路擺設攤位違反道路交通管理處罰條例處罰鍰。小美不服，認為家門口前並非屬道路範圍，遂提起行政訴訟。

　　小美主張，家門口前的土地並非屬司法院釋字第 400 號之既成道路，亦非屬道交條例規範之騎樓或道路。

　　法院以 1. 該土地為私人土地；2. 該土地地目為建地，使用分區亦非道路用地；3. 非市區道路條例所指計畫道路，亦非屬都市計畫規畫之道路用地，亦非指定建築線在案之現有巷道；4. 非屬依現行建築相關法令申請建築許可所檢討留設之騎樓；5. 無減免地價稅為由，認為小美家門口前的土地，並無因具騎樓或類似騎樓性質，所以不該認定為道路交通管理處罰條例規定之道路。

　　又以小美家門口前土地於日據時期屬建地，且原設有鐵門及遮雨棚，無長久供不特定之公眾通行所必要，顯然不屬司法院釋字第 400 號之既成道路而該當道路交通管理處罰條例所規定之道路之情形，而撤銷警察局之裁決處分。

參考資料：臺灣新北地方法院 111 年度交更一字第 8 號行政判決

　案例　小冰為 B 土地所有人，B 土地上經市政府鋪設柏油路面，小冰請求市政府應將柏油路面刨除。市政府以 B 土地為既成道路拒絕，小冰遂對市政府提出請求拆路還地訴訟。

　　小冰主張 B 土地為其所有，且 B 土地上道路通行範圍原本只有 3 公尺寬，市政府卻逐年漸漸的擴張使用範圍，市政府屬無權占有。

　　法院調取 B 土地歷年的航空照，認為 B 土地上部分屬既成道路。因為於 B 土地最早的一張航空照上，就已經明確可以看

出來 B 土地上有一部分已經遭設置道路，認為該部分土地屬年久不可考且供不特定公眾通行之道路，因此屬於既成道路。然比對 B 土地近期航空照，該道路確實有逐年擴張使用的情形，因此就逐年擴張部分，市政府應該拆除；但 B 土地上原屬既成道路部分，則不予拆除。

參考資料：臺灣臺中地方法院 109 年度訴字第 1395 號民事判決

判決引用實務見解

• 最高法院 85 年度台上字第 1120 號判決意旨

按所有人對於無權占有或侵奪其所有物者，得請求返還之；對於妨害其所有權者，得請求除去之；民法第 767 條第 1 項前段、中段定有明文。

次按以無權占有為原因，請求返還土地者，占有人對土地所有權存在之事實無爭執，而僅以非無權占有為抗辯者，土地所有權人對其土地被無權占有之事實無舉證責任，占有人自應就其取得占有係有正當權源之事實證明之。

• 司法院大法官會議釋字第 400 號解釋理由書

又既成道路成立公用地役關係，其一為不特定之公眾通行所必要，而非僅為通行之便利或省時；其二於公眾通行之初，土地所有權人並無阻止之情事；其三須經歷之年代久遠而未曾中斷，所謂年代久遠雖不必限定其期間，但仍應以時日長久，一般人無復記憶其確實之起始，僅能知其梗概（例如始於日據時期、八七水災等）為必要。

案例　阿三為 Q 土地所有人，區公所未經同意逕自於 Q 土地上鋪設柏油路面。阿三主張 Q 土地非屬既成道路，區公所屬無權占有，請求區公所刨除柏油路面。區公所卻以 Q 土地已符合司法院釋字第 400 號之既成道路要件，屬既成道路，區公所自可任意於 Q 土地上鋪設柏油路面供公眾通行。

值得注意的是，本案例法院雖然認為 Q 土地確實屬於既成道路，但 Q 土地實際所有權人仍為阿三，區公所額外鋪設柏油路面之行為對阿三就該土地所有權屬於額外干預，構成特別犧牲，這種阿三需要特別犧牲的行政行為是不是合法，取決在於區公所是不是有給阿三損失補償，區公所既然沒有給阿三，那鋪設柏油路的行為就不具有正當性，有違誠信原則及比例原則，最後仍然判決區公所應將柏油路面刨除。

補充資料

完整判決理由：縱然承認本件該道路屬於既成道路，亦非謂被告區公所即可任意在該道路上鋪設柏油或任意加置設施以便利通行。蓋私人土地如經認定成立公用地役關係時，該土地所有權人即被課予提供該土地供公眾通行之義務，而難以作其他用途使用，此實屬對於憲法第 15 條所保障財產權之嚴重限制，是法院就私人土地所存公用地役關係之內涵，自應採嚴格審查標準，不應任意擴張解釋，否則無異使私人土地之財產權空洞化，有違憲法保障人民財產權之意旨。

申言之，司法院釋字第400號解釋理由書之所以建立（或確認）既成道路之概念，目的並非僅是透過公用地役關係之明文化，使公眾無償通行他人私有土地取得正當化基礎，更是在諭令各級政府機關，於私人土地長期無償供為公眾通行使用之特別犧牲達到「既成道路」程度時，政府機關有徵收該等土地充為道路繼續供公眾使用並給予補償之充分性及必要性，且在充分性及必要性具備後，各級政府機關即應依法徵收補償，如因經費困難無法徵收，至少亦應訂定期限籌措財源逐年辦理，抑或是給予損失補償。

此外，更應隨時檢討既成道路是否已因地理環境或人文狀況改變而喪失其原有功能，以決定是否廢止既成道路。此由大法官於該號解釋已諄諄告誡：「既成道路符合一定要件而成立公用地役關係者，其所有權人對土地既已無從自由使用收益，形成因公益而特別犧牲其財產上之利益，國家自應依法律之規定辦理徵收給予補償，各級政府如因經費困難，不能對上述道路全面徵收補償，有關機關亦應訂定期限籌措財源逐年辦理或以他法補償」等旨，即可得到印證。

惟我國現行地方行政實務，或許誤解司法院釋字第400號之真義，或許窘於財政收入，對於既成道路泰半未依司法院釋字第400號解釋辦理徵收，甚且未曾試圖籌措財源徵收，更遑論對於土地所有權人有何損失補償。

更嚴重的是，原本公用地役關係之內涵僅止於私有土地所有權人負有容忍不特定公眾利用其土地原狀通行之義務，非謂一旦私人土地上成立公用地役關係，該土地所有權人此

後即負有容忍各級政府機關爲利於通行，而在其土地上爲各
種道路設施設置之義務。

　　但在地方行政實務操作之下，只要被認定私有土地上
有公用地役關係，地方行政機關不僅要求土地所有權人保持
該土地供公衆利用通行之狀態，甚至可以無視土地所有權人
意願，在既成道路上大興土木，任意加置各種道路設施以便
利通行，私有土地所有權人對於行政機關在既成道路上之作
爲，毫無置喙餘地，此舉實質上已形同剝奪私有土地所有權
人對該既成道路所存土地之所有權。

　　凡此種種，其實皆逸脫司法院釋字第 400 號解釋所型塑
之公用地役關係內涵，已另外構成對於人民財產權之干預，
而屬另一特別犧牲。因此，行政機關於事實狀況所形成之公
用地役關係範圍外，在既成道路上所爲鋪設柏油或加置各種
道路設施以便利通行之行爲，既屬另一特別犧牲，則此種特
別犧牲唯一正當化之基礎，即是給予損失補償。換言之，若
無損失補償，行政機關即無從要求私有土地所有權人在忍受
公衆通行之同時，再額外忍受行政機關在其土地上鋪設柏油
或加置各種道路設施，否則即有違誠信原則及比例原則。

　　本件該道路上之柏油路面乃被告區公所之前身「鎭公所」
施作，現由被告區公所養護等情，已如前述。而依上揭說
明，此種在既成道路額外鋪設柏油之行爲，性質上乃對於阿
三就該土地所有權之額外干預，構成特別犧牲。此行政行爲
合法與否，取決於是否有給予阿三損失補償。

　　然經本院詢問被告之訴訟代理人既然認爲該道路爲既成
道路，是否有給予補償，其明確陳稱：目前基於財政方面的

考量，還沒有補償，也沒有主動編列預算，但阿三可以去申請稅率優惠或是申請工務局的用地基金。可見該道路上遭鋪設柏油路面後，阿三從未獲得損失補償。是依前述說明，該道路上鋪設柏油之行為，顯然有不具正當化基礎，有違誠信原則及比例原則，自難認其合法。

從而，本件在該道路上鋪設柏油路面並非適法，已侵害阿三對於該土地之財產權。另此一侵害狀態持續迄今，而該柏油路面得以刨除之方式回復至鋪設前狀態，且本件亦無證據顯示阿三對於該道路柏油路面之鋪設有何重大過失，自已合於公法上結果除去請求權之要件，是阿三應得依公法，請求被告區公所刨除該道路之柏油路面，回復至未鋪設之狀態，是阿三此部分訴訟自有理由，應予准許。

也就是說，縱使私人土地被認定為既成道路，但政府機關於未補償人民之情形下，不得任意在該既成道路上鋪設柏油或加置各種道路設施以便利通行，以免侵害人民財產，亦與司法院釋字第 400 號的真意相違背。

參考資料：臺灣臺北高等行政法院 109 年度訴字第 1290 號行政判決

袋地通行權

不得之我命，得之我幸的建築線

去年單就指定建築線，我們團隊就執行了超過60件，「指」到我們有時眼冒金星，有時欲哭無淚。

我漸漸發覺這個團隊，已經可以稱爲土地界的「柯南」。常在現場殘磚敗瓦中，找尋著蛛絲馬跡；在政府資料的敗絮爛紙中，收集可用的吉光片羽。爲了只是要能證明，「一條看不到的線」可符合「公用地役關係」的既成道路，再依建築法指示建築線後，成爲現有巷道，以供申請建築。

辛苦的案子，不勝枚舉；簡單的個案，卻寥寥可數。但令我印象深刻的，大多是令我感動的故事。

W 老先生，剛毅木訥，且樂善好施，脾氣剛烈，但僅守分際。他與其宗族人共有一塊地，要分割時，他不計較，所以獲得了 A 基地（原本與 C 地爲共有物）。他不計較取得 A 地的原因，是因爲在這塊土地上，已經頹蔽崩塌的土角厝，有母親的最後日子，他隨侍在側的光景；有他與妻子新婚燕爾，卻須去服兵役的痛苦別離；又是他三個小孩子呱呱落地時，他手足無措的回憶。

我問 W 老先生，分到這裡，你很吃虧。因爲，若不指出建築線，你無法申請合法建築物；若要指出建築線，因爲基地已經重新分割，無法請求「袋地通行權」。所以只能請求 B 地同

意你使用，或出售給你。但B地現在坐地起價，價比天高，「此路不通」。兩難！

W老先生回：「這土角厝及後方的路，皆是我父親留下的。尤其這條路，是在70年前，就同意讓村民使用，能夠交通進出，這不能改變。這地分割後，若能重蓋，我幸；若不能重蓋，我命。王建你盡量發揮吧！我會支持你。」

在同事發揮「柯南」精神下，證明了這條通路，是附近居民仰賴通行之必要，又日據時代已存在。且路兩旁也已有宮廟、商家、居家……等，居民日常通行、洽商、信仰之「社會功能性」，符合司法院釋字第400號解釋令中的三大要件。讓建築線指在他的土地，最後成為現有巷道，終於可以申請建築。

W老先生說：「得之我幸，不得我命」時，兩眼溫柔地直視正前方的場景，令人動容。

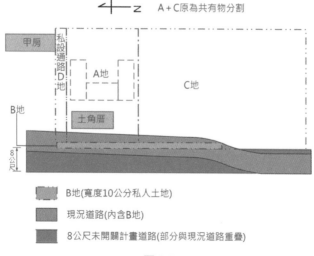

圖 3-1

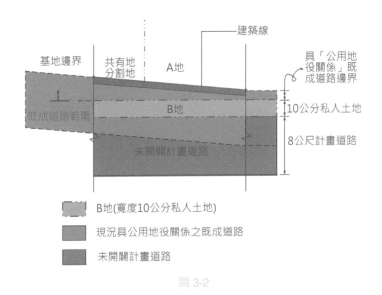

圖 3-2

唯有「讓」，彼此才能得「利」

那日 L 大律師找我，要我撥出時間參與他的案件，一件涉及：1. 袋地通行權；2. 公用地役關係；3. 申請建築執照；4. 五大管線使用同意書；5. 無瑕疵擔保的訴訟案。

我了解案情後，對 L 律師致上大大的敬意，也深深可憐他的處境。案情如下：

甲買 B 地時，已請臺南當地測量公司指定建築線。甲的建築師認定可以申請建築（12 公尺舊縣道及 6 公尺現有巷道），我也同意這個判斷完全正確。

乙持有 A 地為舊縣道，現有寬度邊界到 B 地之間的私有土地，寬約 3.5 公尺。另一邊為 4 公尺既成道路，與 B 地之間約有 50 公分寬。所以乙發了存證信函給甲，表明不同意甲使用乙

的土地，做通行使用；並以公文，函知自來水處。在此，我認為乙的論點也依法有據，函知自來水處更是高招。

就這案件而言，若甲要 B 地能蓋房售屋，乙所持有的 A 地的確有很多方式，可以令甲如鯁在喉；相對的，乙也無法完全阻止甲申請建築。

在公法上對甲有利；在民法上乙卻可以攻甲之不備。以至於，甲不敢輕舉妄動；乙也按兵不動，雙方對峙，靜候天時。

由於雙方皆是 L 律師熟識之人，律師趁彼此皆在軍事演習期間，尚未擦槍走火情況下，主張雙方坐上談判桌調解，免造成難以回復的傷亡。

在經半年的斡旋調停，方案討論之後，律師發揮他那「顛倒眾生」的口語能力，加上我在旁邊「搧風點火」。雙方明白，唯有「讓」，彼此才會得「利」。

這案子是少數幾乎無法使用法院來做攻防的案例，值得大家研究。

以下是我與 L 律師一起禱告使用的經文：箴言 30：33「搖牛奶必成奶油；扭鼻子必出血。照樣激動怒氣必起爭端。」

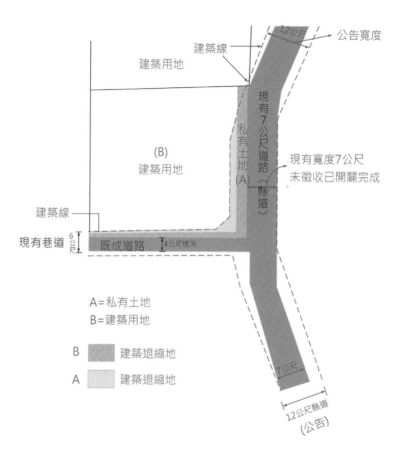

圖 3-3

袋地通行權不一定是最好的解答

　　108 年南部某高等法院有一個判決 —— 工業區地袋地通行權可以有 8 公尺寬。

　　難能可貴，屈指可數的判決！

　　即使有判決，B、C、D 地，還是沒有辦法興建建築物。為何？因為，沒有把建築技術規則，所謂的「面前道路」釐清。

　　A、B、C 原為一筆土地。因為這幾年南部的工業用地的需求量暴增，所以原為袋地的工業土地也交易熱絡。地主為了要買一個好價格，對 A 地主提出「認袋地通行權之訴」，而且也勝訴了，獲得 8 公尺寬的通行權。

　　但申請建照，被當地建管以「面前道路」寬度不符規定駁回。因為建築技術規則第 118 條規定，工廠若以私設通路，作基地與建築線連結寬度需要 8 公尺。但是，依建築技術規則第 14 條指定，建築線道路的寬度，要大於私設通路的寬度，「面前道路」的寬度定義，才能依私設通路的寬度，否則需要依建築線道路的寬度。

　　也就是，在本案當中，「面前道路」的寬度是 6 公尺，而非 8 公尺，所以不能夠蓋工廠。當新地主知道，又買了沒有辦法蓋工廠的地之後，直接炸鍋，失去理性，亂了方寸……。

　　說真的，這個題目本來有其他解法的，但是告了 A 地袋地通行權之後，反而讓事情變得困難重重。

　　使用法院要謹慎，要詳閱公開使用說明書，要不然錯誤的使用，反而會帶來毀滅性的結果。

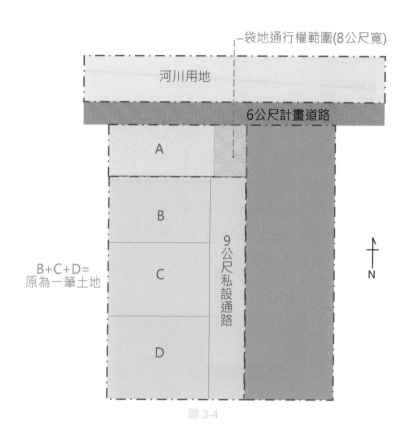

圖 3-4

又是打贏官司，輸了土地

　　A、B、C 地原為一筆土地，是兩兄弟從其父親繼承之後，再分割成 A、B、C 地籍。W 君因緣際會，取得 B 地，也清楚要有 8 公尺的「私設通路」，才能興建工廠。所以在與 A 地主周旋約四年之後，終於取得民法第 787、788 條權利的判決。

　　原以為即將一帆風順了，但通往成功的道路，不只經常在施工中，而且要比想像中的窄。A 地面前的「既成道路」，只

被認定為 6 公尺的「現有巷道」，剎時間，風雲變色。W 君，臉也變色。

在建築技規上，若臨接私設通路的「公告道路」（現有巷道），小於私設通路的寬度，建築基地的面前道路，是以現有巷道的寬度計算。也即，本案 B 地面前道路為 6 公尺。

本案又落入要看 A 地臉色的地步了。由於，之前已經打過官司，在法理上無法再上訴；人情上也已經撕破臉，怒言相向。看來，這一將近 1,000 坪的工業用地，只能做其他使用了。

面對有關建築「基地通路」的官司，需要通盤檢討，否則常常贏了官司，輸了土地。

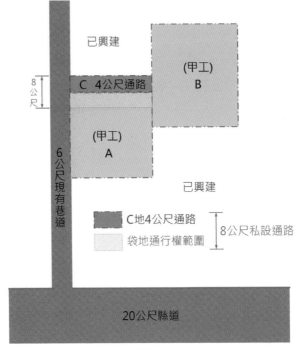

圖 3-5

袋地通行權，一線之差，生死之別

將土地搞死的方式有很多，袋地通行權就是最典型的一種。

「土地同意書不等於袋地通行權」這個觀念在過去一、二年中，我大聲疾呼。

這是一個在南部的案例。C 地與 A 地是同一個所有權人，在 90 年初，A 地所有權人同意 B 地以 C 地為出入用地，且有土地同意書。前年 B 地要賣，買方也徵得 A 地所有權人同意，「供通行使用，不得移作他用、不得讓渡。」雙方達成共識，因此順利完成交易。

在 B 地建築時，A 地不同意出具土地同意書給 B 地，作為行政法上的申請建築使用。於是 B 地「使用法院」向 A、C 地，主張袋地通行權。調解之下，A 同意 B 以 C 地通行，並供 B 地為「私設通路」指定建築線用。

當我聽到這裡時，就知道 B 地被玩死了。

B 地看似贏得了官司，占盡便宜，但工廠的「私設通路」要 8 公尺才行。所以 B 地當時在「訴之聲明」，告「履行袋地通行權意思表示」之訴，是無法讓 B 地得以建築的。

一念之差，一線之隔，生死之別。對土地而言就是如此。

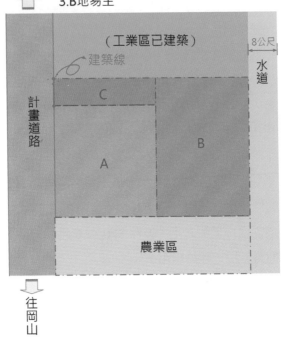

圖 3-6

什麼是「袋地」？

　　按建築法（公法）規定，建築基地應連接建築線，才可以申請建築；而建築主管機關，應指定道路的境界線為建築線。簡單來說，建築線就是建築基地與計畫道路的邊界線。如果土地無法連接至道路，就會產生土地無法連接建築線問題，而這筆土地可能是袋地。

　　民法（私法）之定義，所謂「袋地」是指這塊土地的四周都爲他人的土地所圍繞，因而與公路隔絕，必須通行他人的土地才會到達公路。依據民法第 787 條第 1 項規定，土地因與公路無適宜之聯絡，致不能爲通常使用者，土地所有人得通行周圍地以至公路。賦予袋地所有人通行周圍鄰地的權利。

一、可主張袋地通行權人

1. 依據民法第 800-1 條規定，地上權人、農育權人、不動產役權人、典權人、承租人、其他土地、建築物或其他工作物利用人。

2. 79 年 5 月 29 日最高法院 79 年度第 2 次民事庭會議（二）決議，鄰地通行權，除法律已明定適用或準用之情形外，於其他土地利用權人相互間（包括承租人、使用借貸人在內），亦應援用「相類似案件，應爲相同之處理」之法理，爲之補充解釋，以求貫徹。

二、袋地與公路間的通行示意圖

圖 3-7

三、袋地通行權分類

1. 非建地之袋地通行權（一般通行權）：

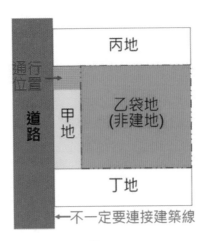

圖 3-8

2. 建地之袋地通行權（一般通行權）：

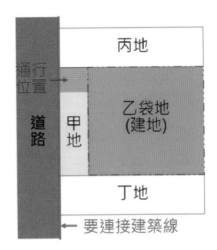

圖 3-9

四、最高法院判例（常被引用的見解）

（一）裁判字號：53 年台上字第 2996 號

　　裁判日期：民國 53 年 10 月 22 日

　　要旨：民法第 787 條第 1 項所謂土地與公路無適宜之聯絡，致不能爲通常之使用，其情形不以土地絕對不通公路爲限，即土地雖非絕對不通公路，因其通行困難以致不能爲通常之使用時，亦應許其通行周圍地以至公路。

（二）裁判字號：75 年台上字第 947 號

　　裁判日期：民國 75 年 5 月 12 日

　　要旨：民法第 787 條第 1 項所定之通行權，其主要目的，不僅專爲調和個人所有之利害關係，且在充分發揮袋地之經濟效用，以促進物盡其用之社會整體利益，不容袋地所有人任意預爲拋棄。

（三）裁判字號：最高法院 76 年台上字第 2133 號

　　裁判日期：民國 76 年 10 月 9 日

　　要旨：按土地因與公路無適宜之聯絡，致不能爲通常使用時，除因土地所有人之任意行爲所生者外，土地所有人得通行周圍地以至公路。前項情形，有通行權人應於通行必要之範圍內，擇其周圍地損害最少之處所及方法爲之；對於通行地因此所受之損害，並應支付償金。有通行權人於必要時，得開設道路。但對於通行地因此所受之損害，應支付償金，民法第 787 條第 1 項、第 2 項、第 788 條第 1 項定有明文。所謂無適宜之聯絡，致不能爲通常使用，係指土地與公路間無適宜之通路可資聯絡，以致不能爲通常之使用而言。

（四）裁判字號：最高法院 85 年台上字第 1781 號

　　裁判日期：民國 85 年 8 月 16 日

　　要旨：土地因與公路無適宜之聯絡，致不能為通常之使用者，土地所有人得通行周圍地以至公路，民法第 787 條第 1 項前段定有明文。其立法意旨在於調和土地相鄰之關係，以全其土地之利用，故明定周圍地所有人負有容忍通行之義務。惟如土地嗣後與公路已有適宜之聯絡，而能為通常之使用者，周圍地所有人自無須繼續容忍其通行，土地所有人不得再主張通行周圍地。

（五）裁判字號：最高法院 85 年台上字第 3141 號

　　裁判日期：民國 85 年 12 月 31 日

　　要旨：鄰地通行權之功能在解決與公路無適宜聯絡袋地之通行問題，不在解決袋地之建築問題，固不能僅以建築法或建築技術上之規定為酌定通行事項之基礎，但通行鄰地之目的既在使袋地得為通常之使用，是於袋地為建地時，即須將其建築需要列入考量；若准許通行之土地，不足敷袋地建築之基本需求，尚不能謂已使為建地之袋地為通常之使用。

（六）裁判字號：最高法院 92 年台上字第 1399 號民事判決

　　裁判日期：民國 92 年 6 月 27 日

　　要旨：土地因與公路無適宜之聯絡，致不能為通常使用者，土地所有人雖得通行周圍地以至公路，惟應於通行必要之範圍內，擇其周圍地損害最少之處所及方法為之，民法第 787 條規定甚明。所謂得通行之周圍地，並不以現為道路，或係最近之聯絡捷徑為限；且如有多數周圍地可供通行，應比較各土地所有人可能受有之損害，擇其損害最少之處所通行之。

（七）裁判字號：最高法院 95 年台上字第 2653 號民事判決

　　裁判日期：民國 95 年 11 月 24 日

　　要旨：按土地因與公路無適宜之聯絡，致不能為通常使用者，土地所有人得通行周圍地以至公路，固為民法第 787 條第 1 項前段所明定。所謂「土地與公路無適宜之聯絡，致不能為通常之使用」，須土地所有人於善盡利用其所有之土地後，其土地仍與公路無適宜之聯絡，致不能為通常使用者，始得通行周圍地以至公路。而土地是否不能為通常使用，應斟酌土地之形狀、面積、位置及用途定之。

（八）裁判字號：最高法院 98 年台上字第 1842 號民事判決

　　裁判日期：民國 98 年 10 月 8 日

　　要旨：次查袋地通行權人，應於通行必要之範圍內，擇其周圍地損害最少之處所及方法為之，復為同法第 787 條第 2 項所明定。所謂通行必要範圍內，周圍地損害最少之處所及方法，應依社會通常之觀念，就附近周圍地之土地性質、地理狀況，相鄰土地所有人及利用人之利害得失，斟酌判斷之。

（九）裁判字號：最高法院 103 年台上字第 93 號民事判決

　　裁判日期：民國 103 年 1 月 16 日

　　要旨：決定通行權範圍須斟酌之「擇其周圍地損害最少之處所及方法」，並不以現為道路，或係最近之聯絡捷徑為限；且如有多數周圍地可供通行，應比較各土地所有人可能受有之損害，擇其損害最少之處所通行之。

（十）裁判字號：最高法院 103 年台上字第 505 號民事判決

　　裁判日期：民國 103 年 3 月 20 日

　　要旨：鄰地通行權係為調和相鄰地關係所定，此項通行

權乃就土地與公路無適宜之聯絡者而設。若該土地本與公路有適宜之聯絡，可為通常使用，竟因土地所有人之任意行為而阻斷，則其土地與公路無適宜之聯絡，致不能為通常使用者，應由土地所有人自己承受，自不能適用第 1 項有關必要通行權之規定。至於所謂任意行為，係指於土地通常使用情形下，因土地所有人自行排除或阻斷土地對公路之適宜聯絡而言。此觀民法第 787 條第 1 項及其修正理由自明。

（十一）裁判字號：最高法院 104 年台上字第 256 號

裁判日期：民國 104 年 2 月 11 日

要旨：按民法第 787 條第 1 項所定之通行權，其主要目的，不僅專為調和個人所有之利害關係，且在充分發揮袋地之經濟效用，以促進物盡其用之社會整體利益（參看本院 78 年台上字第 947 號判例意旨）。是袋地通行權，非以袋地與公路有聯絡為已足，尚須使其能為通常使用。而是否能為通常使用，須斟酌該袋地之位置、地勢、面積、用途、社會環境變化等因素為綜合判斷。倘「袋地」為「建地」時，並應考量其坐落建物之防火、防災、避難及安全需求，始符能為通常使用意旨。

（十二）裁判字號：最高法院 105 年台上字第 187 號民事判決

裁判日期：民國 105 年 1 月 27 日

要旨：所謂通常使用，係指一般人車得以進出而聯絡通路至公路之情形；所謂公路，係指公眾通行之道路。鄰地通行權為土地所有權之擴張，目的在解決與公路無適宜聯絡之土地之通行問題，如僅為求與公路有最近之聯絡或便利之通行，尚不得依該規定主張通行他人土地，其目的既不在解決土地之建築問題，自不能僅以建築法或建築技術上之規定為立論之基礎，

並應限於必要程度，選擇鄰地損害最少之處所爲之。

五、國有土地袋地通行

（一）執行方式

1. 洽財政部國有財產署申請國有土地通行權。

2. 向法院申請判決通行國有土地。

（二）申請條件

1. 申請通行土地需與公路無聯絡，或有聯絡但其聯絡不適宜、不敷建築基本需求或通行有困難，致不能爲通常之使用。

2. 申請通行土地非屬因土地一部讓與或分割，而與公路無適宜之聯絡，致不能爲通常使用者。

3. 申請人資格限制：申請人爲袋地使用權人，包括所有權人、地上權人、農育權人、不動產役權人、典權人、承租人及其他利用權人，但不包括國有袋地之受託管理人及綠美化認養人。

4. 審查原則及案件審辦優先性：國有非公用土地除已核定計畫、用途或處理方式外，辦理機關得審查土地相關位置、地形、地勢及用途等，選擇損害最少之處所及方法認定通行範圍。申請人申請通行國有非公用土地，於辦理機關核發同意通行函前，有他人申請承購相同標的之案件時，先審辦申購案，其餘相同標的申請案件則按收件時間順序審辦。

（三）申請原因

1. 與公路無適宜之聯絡，無法通行。

2. 提供袋地指定建築線使用。

3. 依民法相鄰關係申請提供使用（如民法第 786 條設置管線）

（四）通行償金計收方式

1. 一般通行權，其提供通行、相鄰關係者之償金計算式：核准面積 × 當期申報地價 ×5%×50 年；可分期繳納。

2. 提供指定袋地建築線，核發建築執照者之償金計算式：核准面積 × 當期公告現值 ×30％ ＋核准面積 × 申報地價 ×5%×60 年（以上面積及計收金額以國有財產署核算為準）；一次計收，不得分期繳納，期限屆滿後不再收取償金。

> 指定袋地建築線通行償金計算式（二種償金相加，不得分期繳納）：
> 核准通行面積 × 當期公告現值 ×30% ＋
> 核准通行面積 × 申報地價 ×5%（年息）×60 年

3. 通行期間，通行權人要求變更通行位置時，應重新依規定申請並計收償金。

4. 同一範圍之國有土地，經分別受理申請通行者，應逐案計收償金。

（五）通行償金退還原則

1. 通行償金收訖後，有下列情形之一者，得同意通行權人申請退還：

   ⑴ 通行權人已無通行需要，得自其騰空返還土地當日起，按日數比例無息退還未到期之償金。

   ⑵ 通行權人取得通行土地之所有權或其他使用權者，得自其取得土地所有權或其他使用權當日起，按日數比例無息退還未到期之償金。

   ⑶ 申請指定建築線案件，經完成建築線指定，因未領得建築執照，或建築執照經變更、撤銷或註銷，已無需利用通

行土地指定建築線者，得自申請之日起，按日數比例無息退還未到期之償金。

2. 同意通行土地經依法撥用或移交其他機關，或依規定處分所有權移轉他人時，辦理機關應通知通行權人，已收取之償金不予退還，並同時副知撥用或移交機關或取得土地之所有權人同意通行之範圍。

3. 同意通行土地已依法撥用或移交其他機關後，通行權人遇有第1項各款情形申請退還償金時，由辦理機關洽土地管理機關確認後，依該項規定辦理。

六、國有土地袋地通行作業流程

國有非公用土地提供通行權作業

條件		申請應備文件
非因其使用權人任意行為，而與公路無適宜聯絡，致不能為通常使用之土地；或雖與公路有聯絡，其聯絡並不適宜或通行有困難，致不能為通常使用之土地		1. 申請人身分證明文件 2. 申請人若非袋地所有權人，請提供相關權利人之證明文件 3. 國有土地之通行使用位置圖（請著色並標示擬通行位置、寬度） 4. 申請提供袋地建築使用者請一併提供申請提供必要寬度之相關證明文件（如建築線指示圖等）
申請人資格		
申請人為袋地使用權人，包括所有權人、地上權人、農育權人、不動產役權人、典權人、承租人及其他利用權人，但不包括國有袋地之受託管理人及綠化認養人		通行償金計算方式
通行範圍		1. 提供通行、相鄰關係案件之償金計算式：核准面積×當期申報地價×5%×50年 2. 提供指定袋地建築線、核發建築執照案件之償金計算式：核准面積×當期公告現值×30％＋核准面積×申報地價×5%×60年
辦理機關得審查土地相關位置、地形、地勢及用途等，選擇損害最少之處所及方法認定通行範圍		

圖 3-10

袋地通行權的本質和意涵

民法中著墨不多的袋地通行權，實務上卻困擾著許多專業人士。要解決袋地通行的問題，除了必須考量建築法規，也需要了解從法律角度該如何解套。

「萬丈高樓平地起」——袋地通行權的法條

立法者發想後，制定法律、訴諸文字產生法律，法律從業人員（法官）法院解釋法律、適用法律。在案件中的攻防，對法條的了解與解釋至關重要，關乎如何說服法院（法官）將案例事實帶入法條解釋中，進而對我方當事人作出有利判決。

看法條時，最重要的二點：構成要件和法律效果。

簡單來說，構成要件是「哪些情形可以適用這個法條」；法律效果是「當構成要件都符合時，產生的結果或權利」。例如：闖紅燈罰 1,800 元，那麼只要符合闖紅燈的要件，機關就有權對行為人罰 1,800 元，這就是闖紅燈的法律效果。

所以面對各種案件，要仔細去看法條的內容，才能立於不敗之地。

袋地通行權的相關法規

• 民法第 787 條

1. 土地因與公路無適宜之聯絡，致不能為通常使用時，除因土地所有人之任意行為所生者外，土地所有人得通行周圍地以至公路。

2. 前項情形，有通行權人應於通行必要之範圍內，擇其周圍地損害最少之處所及方法為之；對於通行地因此所受之損害，並應支付償金。

3. 第 779 條第 4 項規定，於前項情形準用之。

• 民法第 788 條

1. 有通行權人於必要時，得開設道路。但對於通行地因此所受之損害，應支付償金。

2. 前項情形，如致通行地損害過鉅者，通行地所有人得請求有通行權人以相當之價額購買通行地及因此形成之畸零地，其價額由當事人協議定之；不能協議者，得請求法院以判決定之。

• 民法第 789 條

1. 因土地一部之讓與或分割，而與公路無適宜之聯絡，致不能為通常使用者，土地所有人因至公路，僅得通行受讓人或讓與人或他分割人之所有地。數宗土地同屬於一人所有，讓與其一部或同時分別讓與數人，而與公路無適宜之聯絡，致不能為通常使用者，亦同。

2. 前項情形，有通行權人，無須支付償金。

　　那麼我們要如何得知，袋地通行權的構成要件呢？

　　以民法第 787 條為例：

構成要件	法律效果
1. 土地因與公路無適宜之聯絡，致不能為通常使用 2. 無法通常使用時，並非土地所有人之任意行為所生者	1. 土地所有人得通行周圍地以至公路 2. 於通行必要之範圍內為之 3. 需補償通行地所有人的損害

　　袋地通行權被規定在民法，主要有民法第 787、788、789 條。

　　袋地這二字來自於日文，民法內並未直接使用。學生時期在唸這三條條文時，覺得並不困難，因為這個名詞很容易理解。但真正遇到實務案例時才發現，它的構成要件很多，而且實務情況並不會像教科書如此的一板一眼，通常會牽涉到複雜的土地問題，這時候每個構成要件的適用及詮釋就非常重要，這正是袋地通行權的鋩角（臺語）。

　　接下來會用較多篇幅，去詳細解釋民法第 787、788、789 條的每個構成要件所代表的意義以及實務上的運用，這才是祕訣所在！

　　以下整理這三個民法法條的構成要件及法律效果：

表 3-1

法條	構成要件	法律效果
787	1. 土地與公路無適宜之聯絡，致不能為通常使用 2. 且無法通常使用時，並非土地所有人之任意行為所生者	1. 土地所有人得通行周圍地以至公路 2. 於通行必要之範圍內為之 3. 需補償通行地所有人的損害
788	1. 通行權人於必要時 2. 對於通行地因此所受之損害 3. 致通行地損害過鉅	1. 得開設道路 2. 支付償金 3. 通行地所有人得請求有通行權人以相當之價額購買通行地及因此形成之畸零地，其價額由當事人協議定之；不能協議者，得請求法院以判決定之

表 3-1（續）

法條	構成要件	法律效果
789	1. 因土地一部之讓與或分割，導致土地與公路無適宜之聯絡，進而使土地不能為通常使用 2. 數宗土地同屬於一人所有，讓與其一部或同時分別讓與數人。產生前述之情形，亦適用之	1. 僅得通行受讓人或讓與人或他分割人之所有地 2. 有通行權人無須支付償金

「我的土地沒有對外道路，怎麼辦？」——袋地通行權的立法理由

看法條時，通常要去理解法條所要解決的問題，還有當初為什麼會設立這個規定的理由，也就是立法理由。

土地沒有對外道路是很嚴重的事，影響到這塊土地的經濟價值。我們都希望土地的效益能最大化，所以袋地通行權之意涵由此而生。

以下是民法第 787 條的立法理由：

> • 民國 18 年 11 月 30 日
>
> 謹按不通公路之土地，及通公路非常困難之土地，不得不於其四周圍繞地之所有權，量加限制，故許此項土地之所有人，於四周圍繞地有通行權，所以全其土地之用也。
>
> 但對於通行地，因此所生之損害，應負支付償金之責，故設本條第 1 項以明示其旨。又依前項情形，土地所有權人，對於四周圍繞地既取得通行權後，應於通行必要範圍之內，

擇其周圍地損害最少之處所，及其方法爲之，以保全四圍鄰地之利益。故設本條第 2 項以明示其旨。

- 民國 98 年 1 月 23 日

1. 按鄰地通行權係爲調和相鄰地關係所定，此項通行權乃就土地與公路無適宜之聯絡者而設。若該土地本與公路有適宜之聯絡，可爲通常使用，竟因土地所有人之任意行爲而阻斷，則其土地與公路無適宜之聯絡，致不能爲通常使用者，應由土地所有人自己承受，自不能適用第 1 項有關必要通行權之規定，爰仿德國民法第 918 條第 1 項，增訂第 1 項除外規定，原但書規定移列於第 2 項並酌作文字修正。至於所謂任意行爲（德文：Willkurliche Handlung），係指於土地通常使用情形下，因土地所有人自行排除或阻斷土地對公路之適宜聯絡而言，例如自行拆除橋梁或建築圍牆致使土地不能對外爲適宜聯絡即是。惟土地之通常使用，係因法律之變更或其他客觀情事變更，致土地所有人須改變其通行者，則不屬之。

2. 爲確保土地所有人及鄰地所有人之權利，爰增訂第 3 項，使其得以準用第 779 條第 4 項，以資周延。又其準用範圍限於損害最少處所及方法有關之異議程序規定，不包括償金，併予指明。

　　一塊沒有對外連接道路的土地，幾乎沒有任何經濟效益。爲了使土地能發揮它應有的利用價值，所以有了袋地通行權的規定產生。

一塊土地沒有對外道路連接，或是連接非常困難，就必須跟鄰近的土地借地通行。既然是借的，那麼當然會影響到鄰近土地所有權人的使用收益，所以要以影響部分最少的方式來作通行，並且支付償金（租金）。前提是這塊土地之所以沒有辦法跟外面道路連接的原因，不是土地所有權人自己造成的。

「土地因與公路無適宜之聯絡，致不能為通常使用」──民法第 787 條第 1 項

接下來會一步步引導大家，學會看拗口的法條，以及如何重新整理法條內容，並結合實務案例，讓大家更了解每個字背後所代表的意涵。

我們再來複習一次：

> • 民法第 787 條
> 1. 土地因與公路無適宜之聯絡，致不能為通常使用時，除因土地所有人之任意行為所生者外，土地所有人得通行周圍地以至公路。
> 2. 前項情形，有通行權人應於通行必要之範圍內，擇其周圍地損害最少之處所及方法為之；對於通行地因此所受之損害，並應支付償金。
> 3. 第 779 條第 4 項規定，於前項情形準用之。

若你有一點法律天線，看到民法第 787 條第 1 項「土地因與公路無適宜之聯絡，致不能為通常使用」這個構成要件時，就應該想到，什麼是通常使用？

首先，我們先來看公路的意義。

公路之意義並非僅限於國道或省、直轄市、縣市路線之公

有道路，基於土地通行必要之考量，凡可供公眾通行、有相當寬度且可容易及安全通行之道路均屬之。（臺灣臺中地方法院民事判決98年度豐簡字第579號）

由此可知，公路並不是一定要省道等這種大條馬路，只要具相當寬度可以供公眾安全通行之道路，即可認為公路。

而何謂通常使用？來看最高法院的判決：

按民法第787條第1項所定之通行權，其主要目的，不僅專為調和個人所有之利害關係，且在充分發揮袋地之經濟效用，以促進物盡其用之社會整體利益（最高法院78年台上字第947號判例意旨）。是袋地通行權，非以袋地與公路有聯絡為已足，尚須使其能為通常使用。而是否能為通常使用，須斟酌該袋地之位置、地勢、面積、用途、社會環境變化等因素為綜合判斷。倘袋地為建地時，並應考量其坐落建物之防火、防災、避難及安全需求，始符能為通常使用意旨。（最高法院104年度台上字第256號判決）

也就是說，要看這塊土地是做什麼使用，綜合判斷之。

舉例來說：

1. 如果這塊土地是用來蓋工廠，那麼跟對外道路的聯繫，就必須是可以讓大貨車或聯結車經過的大小。
2. 若為農地，則需農耕機具得以通行之寬度等。
3. 其他如原有聯絡道路太窄、不敷使用（一般正常道路公汽車通行以3公尺為適宜，原有聯絡道路僅2.5公尺）；原有聯絡道路陡峭、易生意外等。

案例　甲因拍賣取得一塊 A 農地為袋地，鄰地所有權人
乙所有的 B 地上現已有 1.5 公尺步道供甲使用。
但甲欲整理 A 地上的芭蕉樹及雜物等，以 A 地作
為造林或其他農業使用，且將來亦得興建農舍，
甲主張其必須要動用挖掘機、農耕機等中大型機
具整地並搬運廢棄物，故甲請求其所通行之路寬
須達 3 公尺。

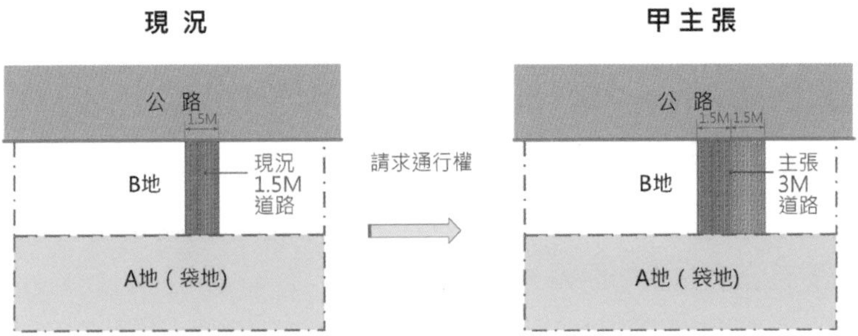

圖 3-11

　　儘管在訴訟攻防中，乙提出，甲可以步行、手推車或徒手
除草等方式重整土地，所需之農具亦得皆以小型之挖土機、耕
耘機等，通行權之寬度僅 1.5 公尺即可。

　　但法院認為，乙提出的說法漠視因時代之進步，人們以
現代機具取代徒手開墾的方式，是合理且基本之需求。一般民
眾利用汽、機車通往非面臨馬路之建物，已屬常態，而一般汽
車、農業機具及載送農產之貨車約 2 公尺寬，考量車輛進出及
安全會車需求，應以甲主張的 3 公尺道路通行為合理。（臺灣
臺南地方法院 101 年度訴字第 1307 號民事判決）

　　如果隨著時間變遷，這塊土地跟公路日後已經有了適合的

聯絡，那麼土地所有權人還能繼續主張袋地通行權嗎？答案是否定的。

我們來看法院判例：

土地因與公路無適宜之聯絡，致不能為通常之使用者，土地所有人得通行周圍地以至公路，民法第787條第1項前段定有明文。其立法意旨在於調和土地相鄰之關係，以全其土地之利用，故明定周圍地所有人負有容忍通行之義務。惟如土地嗣後與公路已有適宜之聯絡，而能為通常之使用者，周圍地所有人自無須繼續容忍其通行，土地所有人不得再主張通行周圍地。（85年台上字第1781號判例）

聰明的你有沒有發現，法院做法條解釋時，會回歸到這個法條的立法意旨，這也就是我們在理解一個法條內容時，需要去看其立法意義的原因。

這則判例白話來說，袋地通行權是為了增加土地的利用，所以才讓鄰地所有權人去容忍袋地所有權人通行（等於影響了鄰地土地的所有權）。所以當之後因環境變遷等因素，導致原本的袋地能有公路通行了，那麼鄰地所有權人自然沒有必要再忍受原袋地所有權人的通行。

自作孽，不可活

每個人都想要自己手中的土地能利益最大化，通行權本身就是對鄰地的地上負擔，任何人不得以自己之任意行為加負擔於他人，所以，如果土地所有人任意拋棄原有之通行地役權或其他通行土地使用權，或破壞原有通路，導致有不通公路土地產生，不能向周圍地所有人主張必要通行權。

　　袋地通行權，是「土地」與公路有無適宜之聯絡為判斷基準，而不是以土地上「建物」出入口與公路有無適宜聯絡為判斷基準。所以，如果土地與公路原有相通，土地所有人建屋時，應該要考量土地與公路聯絡的情形，去設計房屋出入口。

　　如果任意設計房屋之出入口於他人之土地上，也是因為自己任意行為造成土地不通公路或房屋必須經由他人土地進出之情形，也不得主張周圍土地所有人有必要容忍通行。

　　甲有一塊 B 地，在 B 地上興建房屋，將大門設在畸零地 A 地相接處，欲通過 A 地通往對外道路，但是被 A 地的所有權人拒絕了，所以走上法院。

　　訴訟過程中，法院發現，的確除了 A 地因畸零地無法蓋房以外，與 B 地相接的前、左、右都有建物，B 地實為袋地，經由 A 地通往道路並非無理由。

　　但是，B 地後方有一塊地目是「道」的土地，所有權人是地方政府，在該塊土地上，竟也有一建物。經查，該建物是甲所建。

　　所以，甲的 B 地會變成袋地，是甲占用原來政府的道路用地建屋，使 B 地變成袋地。

　　根據民法第 787 條規定，通行權本身就是對鄰地的地上負擔，任何人不得以自己之任意行為加負擔於他人，所以，如果土地所有人任意拋棄原有之通行地役權或其他通行土地使用權，或破壞原有道路，導致有不通公路土地產生，不能向周圍地所有人主張必要通行權。

　　甲雖然再次向法院申明，B 地上建物的大門口面向 A 地。

　　但法院認為，袋地通行權，是「土地」與公路有無適宜之

聯絡為判斷基準，而不是以土地上「建物」出入口與公路有無適宜聯絡。所以，如果土地與公路原有相通，土地所有人建屋時，應該要考量土地與公路聯絡的情形，去設計房屋出入口。

如果任意設計房屋之出入口於他人之土地上，也是因為自己任意行為造成土地不通公路或房屋必須經由他人土地進出之情形，也不得主張周圍土地所有人有必要容忍通行。

在這個案例中，法院認為乙得拒絕甲的通行權請求，因為B地上建物的大門口與公路未相接，是甲自己占用道路私自建屋且建築房屋設計不當所致，與民法之袋地通行權無涉，不能僅因甲為謀求其個人所有房屋較高的經濟價值，致使鄰地所有人乙有容忍通行的義務。

參考資料：板橋地方法院民事判決 95 年度訴字第 2197 號

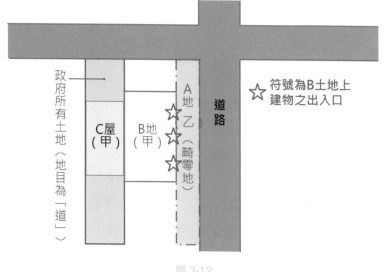

圖 3-12

我借你過，對我的所有權影響愈小愈好

　　既然已被認定為袋地，則在通行必要之範圍內，擇其周圍地損害最少之處所及方法為之。

　　也就是說，當自己是鄰地所有權人時，自然會希望對自己土地的影響愈小愈好；換句話說，路愈小愈好，只要能過就行了。

　　舉二個例子：

1. 甲有一塊袋地 A，它對外通路有三個可行方案。

    (1) 方案 1：鄰地上種植香蕉，並設有錏管，通行面積 100 平方公尺。由於鄰地地勢較高，為了讓鄰地能與 A 地連接，需鋪設水泥板橋。

    (2) 方案 2：鄰地上種植水稻，通行面積 50 平方公尺。

    (3) 方案 3：鄰地地勢較高，為與 A 地連接，需鋪設水泥板橋，通行面積 70 平方公尺。

    　　法院會選擇哪一個呢？

    　　在本案中，法院考量對鄰地所有權人的財產及經濟效益影響最小的方案，最終選擇了方案 2。

2. B 袋地的所有權人乙，覺得目前通往公路的道路過於狹窄，只能行人和機車勉強通過。乙主張擴張通行道路至 3 公尺，讓汽車可以通過。

    　　A 地所有權人甲自然不願意。甲認為，已經有一條路給你們走，已達到可通行的狀態。

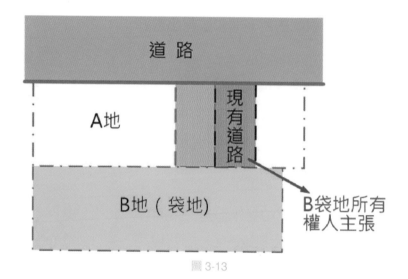

圖 3-13

　　最後法院認為，現今國內交通道路或是鄉間產業道路，大多鋪設柏油或水泥路面，以利行人及車輛行走。雖然機車有機動性，但是若有幼童、老年或行動不便者，汽車無疑是比較妥適的工具，也是算在「一般通行之需要」。

　　這樣看來，此案所留設之道路，應以能供汽車出入，才能達到土地充分利用的目的，且於緊急災變時才能及時救援。

參考資料：臺灣高雄地方法院 104 年度訴字第 1455 號民事判決、臺灣新竹地方法院 109 年度訴字第 87 號民事判決

補充資料

・最高法院 98 年台上字第 1842 號民事判決
所謂通行必要範圍內，周圍地損害最少之處所及方法，應依社會通常之觀念，就附近周圍地之土地性質、地理狀況，相鄰土地所有人及利用人之利害得失，斟酌判斷之。

只要是袋地，一定能通行嗎？

這裡有個有趣的例子。

甲的年邁父母想住位於山上的 A 屋。但如果要到公路，僅能步行階梯通行，無法讓甲的機車及母親輪椅通行。甲認為與公路無適宜之聯絡，致不能為通常出入通行及運輸之使用而屬袋地，故請求確認通行權。

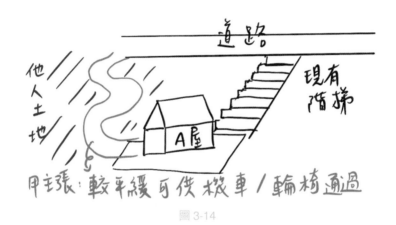

圖 3-14

但甲另有一住所，位於山下平地地方。

法院認為，因為空間不足而部分家屬有他處居住的需要，依照一般社會通念，為便利於照顧及避免增加接送的金錢、時間及精神上的浪費，應由行動方便的子女住居於落差較大的 A 屋，而非年紀老邁、行動不便之父母，故 A 屋外的階梯步道通行已足供通常住居使用。

由此可見，實務上會審酌個案的實際情況，做出法院認為最適當的判決或最合宜的方案。

參考資料：潮州簡易庭 107 年度潮簡字第 393 號民事判決

與社會脫節的通行權償金

在民法第 787、788 條規定，對於通行地因此所受之損害，並應支付償金。

這裡所謂的償金，是為了補償把部分土地讓出來給袋地所有權人通行，導致鄰地所有權人部分土地無法使用而受到的損害。

民法內沒有明定償金計算標準與支付方法。但是最高法院提到，要先確定通行地位置與範圍，並斟酌通行地所有人所受損害程度，按照被通行土地地目、現在使用情形，以及形狀、附近環境、通行以外有無其他利用價值、通行權人是否獨占利用、通行期間係屬永久或暫時等具體情況而定。而通行權人因通行所得的利益，則不是考量標準。

償金可以一次給付嗎？

法院認為，通行權是繼續性質，通行地所有人所受損害，也是屬於繼續發生，並且會因為通行期間的長短，導致損害有所不同。況且通行地、被通行地所有權人亦可能有變更，並非永久固定於兩造之間，很難預先確定損害總額及給付義務人、受領權利人。所以支付償金的方法，應以定期支付為適當。

也就是說，法院大多看這塊地本身的體質以及受影響範圍，來判斷償金金額，而非通行利益。

償金的支付方法

考量通行權的特性，支付方法多採定期支付（類似租金的概念）。

目前實務上多採依照土地當期申報地價每平方公尺的年息去計算租金，至於為多少年息，端看法院依照土地使用方法、使用情形等情況認定。

看到申報地價，就知道法院最終認定的償金跟社會現實有很大差距。因為申報地價通常是公告地價的八成，而公告地價又與市價有很大的落差，造成我們看到償金的判決時，會覺得金額都太低。

例如：臺灣桃園地方法院 109 年度訴字第 421 號民事判決，每個月僅付 17 元。

參考資料：最高法院 94 年台上字第 2276 號民事判決、最高法院 88 年度台上字第 3040 號判決

若要從此過，留下買路財

一般實務認定，償金跟通行權沒有對價關係。

所謂契約的對價關係是指，類似民法第 264 條第 1 項的概念，因契約互負債務者，於他方當事人未為對待給付前，得拒絕自己之給付。但自己有先為給付之義務者，不在此限。

也就是同時履行抗辯權——在你付錢給我之前，我有權利不出貨。

但在袋地的情況下，通行權已經存在，鄰地所有權人不能以通行權人沒有支付償金，作為阻止通行權人通過自己土地的理由。

而確認通行權存在的訴訟，本質是處理通行權存在與否，償金不在討論範圍。

亦即，甲需要通過鄰地所有權人乙之土地，並提起訴訟，

則乙要主動在訴訟當中提出反訴，法院方能在同個訴訟中處理償金問題，否則法院只會判「確認通行權存在」，訴訟確定後，乙若想要要求償金，就得自己跟甲談，或是另提起一個請求償金的訴訟。

另外，若甲沒有支付償金予乙，乙不能以甲沒有支付償金為由，否認甲的通行權。可能就得走債權途徑，請求甲支付償金。

表 3-2　民事訴訟的主要種類

給付之訴	確認之訴	形成之訴
原告對被告有私法上請求權，請求法院判決，使被告履行義務。最常見是債權、侵權行為等	即在確認原被告之間的法律關係存在與否。例如：確認租賃關係存在、確認通行權存在等	訴訟的結果，會直接使法律關係發生變動。例如：共有物裁判分割、裁判離婚等

參考資料：

民法第 787 條第 2 項後段固規定，有通行權人，對於通行地因此所受之損害，應支付償金，惟該償金係指補償土地所有權人不能使用土地之損害，必於有通行權者，行使其通行權後，始有是項損害之發生，與通行權無對價關係。（最高法院 76 年度台上字第 2646 號民事裁判參照）

通行權人對於通行地因此所受損害，固應支付償金，且此項償金支付義務，於通行權確定時起即為通行人之法定負擔。惟償金之支付與通行權間並無對價關係，被通行之土地所有人如未於通行權之訴提起反訴請求，亦非不得於通行權訴訟確定後另行訴求給付。（最高法院 86 年台上字第 3265 號民事判決參照）

形成袋地的一百種方式

土地所有權的形成，並不會像我一塊、你一塊這樣，這麼的單純。而是經過長時間的累積，一塊土地有可能轉手過非常

多人，轉手的過程可能是買賣、贈與、繼承或法拍，也可能經由分割，而讓原本一塊土地分割成數塊予不同數人。

如果是一塊土地經由分割，造成其中出現袋地的情況，要怎麼辦呢？民法第 789 條就在處理這種情形。

前面民法第 787 條第 1 項有說過，如果袋地是因為土地所有權人的任意行為而造成的，那麼土地所有權人沒有權利去向鄰地所有權人請求通行權。

同樣的，因土地分割是所有權人的任意行為，所以沒有權利去要求鄰地所有權人請求通行權。

但是為了良好的土地利用，於是法律規定，僅能通行他分割人之所有地，而且不用支付償金。若土地是經由讓與而形成袋地者亦同，即袋地所有權人僅能向受讓人或讓與人請求通行權。

案例　甲有一塊 A 袋地，分別與 B、C、D 地相連，為與道路相接，考量最短距離與影響範圍最小，甲向 B 地所有權人提起訴訟。而 B 地所有權人則以民法第 789 條，A、C、D 原為同一塊地，經分割後方使 A 地變為袋地，故依民法第 789 條第 1 項，「因土地一部之讓與或分割……僅得通行受讓人或讓與人或他分割人之所有地。」甲於本次訴訟中敗訴。

爾後，甲向 C 地所有權人提起確認通行權訴訟，儘管 C 地所有權人提出，甲仍可經由同是分割而來的 D 地通行，但法院考量經由 D 地通行的路坡度較陡且崎嶇，最終判定甲於 C 地有通行權存在。

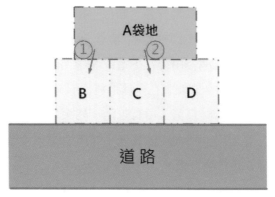

圖 3-15

參考資料：

• 民法第 789 條

1. 因土地一部之讓與或分割，而與公路無適宜之聯絡，致不能為通常使用者，土地所有人因至公路，僅得通行受讓人或讓與人或他分割人之所有地。數宗土地同屬於一人所有，讓與其一部或同時分別讓與數人，而與公路無適宜之聯絡，致不能為通常使用者，亦同。

2. 前項情形，有通行權人，無須支付償金。

• 臺灣士林地方法院 105 年度重訴字第 92 號

民法第 789 條立法理由

民國 18 年 11 月 30 日

　　查民律草案第 1010 條理由謂因土地之一部讓與或分割，致生不通公路之土地者，其結果由當事人之任意行為而然。故其土地之所有人，祇能不給報償而通行於受讓人取得之公路接續地，或讓與人現存之公路接續地，或已屬於他分割人之公路接續地，其他之鄰地所有人，不負許其通行之義務。此本條所由設也。

民國 98 年 01 月 23 日

1. 數宗土地同屬於一人所有，而讓與其一部（包括其中一宗或數宗或一宗之一部分）或同時分別讓與數人，而與公路無適宜之聯絡，致不能為通常使用者，土地所有人因至公路，亦僅得通過該讓與之土地，以貫徹本條立法精神，爰仿德國民法第 918 條第 2 項後段規定，修正第 1 項。又所謂「同屬於一人」非指狹義之一人，其涵義包括相同數人，併予指明。

2. 第二項未修正。

• 臺灣士林地方法院 107 年度重訴字第 578 號民事判決、最高法院 89 年
度台上字第 756 號民事判決

　　按民法第 789 條之立法意旨，乃因土地所有人讓與土地之一部或分割
土地時，就其可能造成不能與公路為適宜之聯絡之情形，為其能預見而得
事先安排，土地所有人不能因自己之讓與或分割土地之任意行為，導致對
當事人以外之其他土地所有人造成不測之損害。此法條所規定之通行權性
質上乃土地之物上負擔，隨土地而存在，土地所有人將土地分割成數筆，
同時或先後讓與數人，應仍有該法條規定之適用。

形成袋地的無數種方式

　　前面提到，因分割或讓與造成袋地產生，只能通行特定人
的所有地。

　　倘若，獲得土地的方式不是透過分割或讓與呢？

　　最高法院認為，民法第 789 條處理的是，就土地的任意行
為（如分割、讓與）而產生袋地的情形，是能預見且可事先安
排的，不可因此增加周圍土地的負擔，所以僅能通行特定人之
土地。土地所有人的任意行為或得事先安排，自然沒有民法第
789 條適用。

案例一　A 土地在民國 90 年間因分割而為袋地，嗣後甲因
　　　　法院拍賣（即強制執行程序）取得 A 袋地，是否
　　　　可對鄰地所有權人提出確認通行權存在訴訟？答
　　　　案是不行，因為 A 土地變成袋地的原因是民國 90
　　　　年間因分割所造成，而非因法院強制執行程序才
　　　　變成袋地，也就是說，強制執行程序不是造成 A
　　　　土地為袋地的原因，依民法第 789 條第 1 項前段

規定，甲不得對鄰地所有權人主張通行權，僅得通行其他分割人之所有地。

案例二 甲所有的 A 袋地，和乙所有的 B 地，是由同一塊土地分割而來，但分割當時 A 地有對外連接道路可通行。也就是未登錄地 C 原址，並非袋地，且未登錄地 C 原是供共有人通行而認其為道路。20 年後，當地政府機關發現此處有未登記地，登記機關登錄所有權第一次登記後，再分割出另一塊土地 C，導致 A 地成為袋地。甲同時向國有財產署和乙請求通行權。

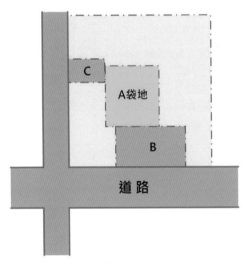

圖 3-16

在本訴訟中，國有財產署認為應該適用民法第 789 條；亦即，甲僅能向同是一塊土地分割出來的 B 地所有權乙請求通行權，不能向 C 地的所有權人（也就是國有財產署）請求。

　　但法院認為，若土地所有人讓與土地一部或分割土地時，「當時」未造成讓與或分割的土地成為袋地，而是「事後」因其他事由，導致讓與或分割之土地變成袋地。既然不是讓與人或土地所有人之任意行為所造成，且無法事先安排，即無民法第 789 條第 1 項規定通行權之限制。

　　此案中，A 袋地的形成並不是土地分割所造成。所以就回歸到民法第 787 條，向鄰地所有權人請求通行權的狀況，也就是通行必要範圍內，周圍地損害最少之處所及方法。

　　若通行 B 地，B 地上所種植的果樹必須移除，且所需面積較大；倘經由 C 地，無須移除地上物，影響面積亦較小，而且當地居民已經行走 C 地成習慣。故最終法院判定以經過 C 地有通行權存在。

參考資料：最高法院 96 年度台上字第 1413 號民事判決、臺南地方法院
　　　　　107 年度訴字第 114 號民事判決

補充資料

• 民法第 789 條第 1 項

　　因土地一部之讓與或分割，致有不通公路之土地者，不通公路土地所有人因至公路僅得通行受讓人或讓與人或他分割人之所有地，係就不通公路土地所有人與受讓人或讓與人或他分割人直接間就土地一部讓與或分割結果，有不通公路土地情形而為之規定。如果讓與或分割當時無此情形，於讓與或分割，及經輾轉讓與第三人後，始發生有此情形，自不復有該條之適用。

參考資料：最高法院 69 年度台上字第 266 號判決意旨

親愛的，我的房子變成袋地了

有沒有可能住在一個沒有對外通道的地方？主體不是土地，是區分所有建物，像是大樓各戶。

最高法院提出，民法第 787 條本就在調和相鄰土地用益權衝突。而一建物有其專有部分，各區分所有權人對其專有部分有所有權，如果因為他人的專有部分，導致自己部分與外界無法適宜聯絡，這狀況與袋地相同，可以類推適用民法第 787 條。

一大樓於起造及辦理保存登記時，因當時公寓大廈管理條例尚未制定，故起造人將該大樓一樓的走廊電梯樓梯間，登記為該大樓 A 建號所有權的範圍。A 建號所有權人甲認為一樓的電梯樓梯間既然登記為自己所有，則其他住戶沒有權利通行，故阻撓住戶通行之。

於是大樓管委會向甲提起確認通行權存在之訴，甲認為大樓除了前門還有後門，住戶可經由後門進出，並非與外道路無適宜聯絡之法。

法院經勘驗發現，後門外的土地所有權人並不想讓住戶自該後門進出，故其他住戶除了經由電梯樓梯間通行聯絡至公路外，別無其他路徑。縱然電梯樓梯間所有權為甲所有，應類推適用民法第 787 條之規定而通行。

參考資料：臺灣高雄地方法院 103 年度訴字第 480 號民事判決、臺灣高雄地方法院 106 年度訴字第 981 號民事判決

補充資料

- 按民法第 787 條規定

　　土地因與公路無適宜之聯絡，致不能為通常之使用者，土地所有人得通行周圍土地以至公路之鄰地通行權，旨在調和相鄰土地用益權之衝突，以充分發揮袋地之經濟效用，促進物盡其用之社會整體利益。而一棟建築物，在物理上本屬一體，各部原不具獨立性，因法律上承認區分所有權，得由各區分所有人就其區分建物之一部享有單獨所有權，各區分所有人對其專有部分得全面、直接而排他性之支配，故就整體建物而細分各區分所有時，區分所有建物專有部分，因其他專有部分之間隔，無法對外為適宜之聯絡，不能為通常之使用，顯與袋地同，自有調整區分所有建物專有部分相鄰關係之必要，始能充分發揮其經濟效用，此與鄰地通行權之規範目的相同；但區分所有建物專有部分相鄰關係之調整，並不限於他人正中宅門之使用一項。從而區分所有建物之專有部分，如為其他專有部分所圍繞，無法對外為適宜之聯絡，致不能為通常之使用，既與袋地之情形類似，法律就此情形，本應同予規範，因立法者之疏忽，而發生顯在之法律漏洞，自得類推適用民法第 787 條之規定。

參考資料：最高法院 96 年度台上字第 584 號民事判決

都是既成道路惹的禍

　　甲的 A 土地從 B 土地分割出來，甲認為分割前的 B 土地本來就沒有與公路適宜之聯絡，屬於袋地，故向 C 土地所有權人請求確認通行權。（請見圖 3-16）

　　C 土地主張：B 土地一直以來都是從 D 國有土地通行連接至道路，且 D 國有土地經政府認定為既成道路。

　　但一審法院認為，D 國有土地雖然經政府認定為既成道路，可是 D 國有土地上並未鋪設柏油路面，沒有養護，更只有一戶住家使用通行，所以 D 國有土地不算既成道路。分割前的 B 土地屬於袋地，所以從 B 土地分割出來的 A 土地當然也是袋地，因此准予 B 土地所有權人通行 C 土地連接至道路。

　　後來 C 土地所有權人不服氣，上訴到二審法院。

　　二審法院以 B 國有土地既然已經政府認定為既成道路，那不管 D 國有土地有沒有鋪設柏油道路、有沒有養護，都不影響 D 國有土地為既成道路的事實。既然 D 國有土地為既成道路，那分割前的 B 土地不屬於袋地。所以，從 B 土地分割出來的 A 土地當然也不能算是袋地。最後二審法院駁回 A 土地所有權人的請求，不准 A 土地所有權人通行 C 土地連接至道路。

參考資料：臺灣臺中地方法院中豐原簡易庭 110 年度豐簡字第 468 號民事判決、臺灣臺中地方法院 111 年度簡上字第 160 號民事判決

對症下藥才有效

　　民事訴訟法的基本規則裡，有一項「一事不再理原則」，指一個爭議問題已經經過法院判決確定，那就不能再針對同樣的爭議問題提出新的訴訟。

　　所以，當提出確認通行權訴訟時，一定要先確認好袋地的使用分區以及之後的用途，這樣才能精準確認通行寬度與範圍，是不是合於使用目的。

　　若袋地之後有計畫要興建房屋，務必在訴訟前，請建築師

針對袋地先做申請指定建築線動作，由主管機關初步確認建築線的位置，這樣才能更精準的得知通行寬度及範圍。

案例一　A 土地使用地類別為甲種工業區，並計畫將來於 A 土地上興建廠房使用。

此時，依照建築技術規則建築設計施工編第 2 條第 1 項第 4 款、第 117 條第 7 款、第 118 條第 1 項第 2 款之規定，通行的道路寬度應以 8 公尺寬以上為必要。所以當提起確認通行權訴訟時，請求通行的道路寬度一定要 8 公尺寬以上，才能使 A 土地將來興建廠房。

補充資料

• 建築技術規則建築設計施工編第 2 條第 1 項第 4 款

基地應與建築線相連接，其連接部分之最小長度應在 2 公尺以上。基地內私設通路之寬度不得小於下列標準：基地內以私設通路為進出道路之建築物總樓地板面積合計在 1,000 平方公尺以上者，通路寬度為 6 公尺。

• 建築技術規則建築設計施工編第 117 條第 7 款

本章之適用範圍依下列規定：工廠類，其作業廠房之樓地板面積之和超過 50 平方公尺或總樓地板面積超過 70 平方公尺者。

• 建築技術規則建築設計施工編第 118 條第 1 項第 2 款前段

前條建築物之面前道路寬度，除本編第 121 條及第 129 條另有規定者外，應依下列規定。基地臨接二條以上道路，

供特定建築物使用之主要出入口應臨接合於本章規定寬度之道路；其他建築物應臨接寬 8 公尺以上之道路。

案例二 B 土地為袋地，向主管機關申請核發建造執照，並申請指定建築線。然因建築線指定於 C 土地上，故需取得 C 土地使用權同意書。然因 C 土地所有權人不願配合，B 土地所有權人逐提出確認通行權訴訟。

起訴後經承辦法院發函主管機關，再次向主管機關確認建築線位置，及確認一定要取得 C 土地使用權同意書才能核發建造執照後，逐判決 B 土地所有權人就 C 土地有通行權存在。

補充資料

• 最高法院 104 年度台上字第 256 號判決意旨

土地因與公路無適宜之聯絡，致不能為通常使用時，除因土地所有人之任意行為所生者外，土地所有人得通行周圍地以至公路，民法第 787 條第 1 項定有明文。本條項所定之通行權，其主要目的，不僅專為調和個人所有之利害關係，且在充分發揮袋地之經濟效用，以促進物盡其用之社會整體利益。是袋地通行權，非以袋地與公路有聯絡為已足，尚須使其能為通常使用。而是否能為通常使用，須斟酌該袋地之位置、地勢、面積、用途、社會環境變化等因素為綜合判斷。

參考資料：臺灣臺中地方法院 111 年度訴字第 823 號民事判決

什麼？竟然還可以這樣

　　甲因爲 A 土地爲袋地，需連接 B 土地、C 土地、D 土地才能對外連接至道路，故向 B 土地、C 土地及 D 土地之所有權人請求確認通行權。

　　一審法院認爲 A 土地確實爲袋地，但因爲甲有給出明確想要通行的方案，所以訴訟性質爲確認之訴。首要爭點就是甲所提出的方案，是不是損害鄰地最少的方案；如果不是，那就應該駁回甲的請求。

　　最後一審法院比對甲所提出的方案，以及 B 土地、C 土地、D 土地之所有權人分別提出的方案後，認爲甲所提出的方案不是損害鄰地最少的方案，所以駁回甲的請求。

補充資料

• 民法第 779 條第 4 項於 98 年 1 月 23 日修正公布之立法理由

　　第 4 項訴訟性質係屬形成之訴，對於何謂鄰地之「損害最少之處所及方法」，審理法院不受當事人聲明之拘束，得依職權認定之。惟若主張有通過權之人或異議人請求對特定之處所及方法確認其有無通過之權時，則非形成之訴，而爲確認之訴，此際，法院即應受當事人聲明之拘束。

參考資料：臺灣臺南地方法院 107 年度訴字第 679 號民事判決、臺灣臺南地方法院 107 年度訴字第 1648 號民事判決

二次分割

　　民法第 787 條第 1 項有規定，因爲土地分割導致分到的土地變成袋地的情形，那袋地所有權人就只能請求通行他分割人之所有地，但也是會有例外的喔！如果是二次分割導致分到的土地變成袋地的情形，那袋地所有權人就只能跟第二次分割出來的他分割人請求通行。

> 案例　A 土地分割成為 B 土地跟 C 土地，後來 C 土地又分割成 D 土地、E 土地跟 F 土地，E 土地因為該次分割變成袋地，但是因為 D 土地跟 F 土地上都已經興建房屋，E 土地所有權人便向 B 土地請求通行。

　　一審法院認爲 A 土地分割成為 B 土地跟 C 土地時，並沒有因爲這次分割導致 C 土地與公路無適宜之聯絡之情形，也就是說 C 土地此時並不是袋地。

　　E 土地會變成袋地是後來 C 土地分割成 D 土地、E 土地跟 F 土地的時候才導致 E 土地變成袋地，因爲第二次分割，所以 E 土地跟 B 土地間之關係已經脫鉤，E 土地只能跟 D 土地、F 土地請求通行。

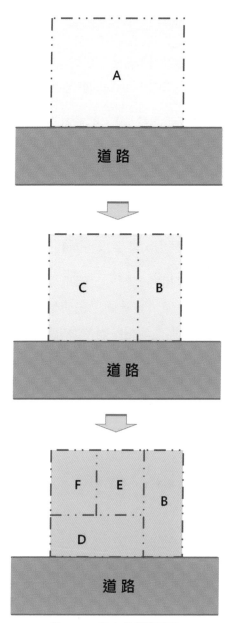

圖 3-17　二次分割範例圖

參考資料：臺灣臺南地方法院 109 年度訴字第 720 號民事判決

不是主管機關說了算

主管機關會針對既成道路做出認定，並做相關養護，但不是所有被主管機關認定為既成道路的巷道都可以請求通行。

案例　A土地上有興建社區，並於社區出入口處開設甲巷道，甲巷道經主管機關認定為既有巷道，並編列路名，為維護社區居民通行及界分土地，於是興建圍籬將社區及甲巷道圍起來，僅供社區居民通行使用，B土地所有權人為了交通方便，所以請求通行甲巷道，並要求將圍籬拆除。

一審法院經調取相關資料，並至現場確認甲巷道使用情形，確認甲巷道確實僅供該社區居民使用。因為A土地四周都有使用圍籬將社區與他地相區隔，如果該社區居民或管理人員沒有打開圍籬，那非社區的居民都沒有辦法進入，並認為雖然主管機關有認定甲巷道是供不特定人士通行，所以是既成道路，但是主管機關所認定之不特定人士是指有需要進出該社區之人士，而不是廣泛指一般公眾均得通行使用，因而駁回B土地所有權人之請求。

參考資料：臺灣臺中地方法院110年度重訴字第461號民事判決

己所不欲，勿施於人

案例　甲為A土地所有人，A土地之前自B土地分割，甲請求通行B土地，這樣甲就可以透過與兄弟所共有的C土地連接通行到道路。

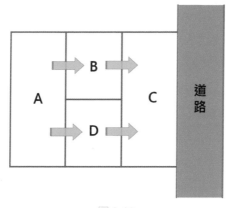

圖 3-18

經一審法院調查後，發現與 C 土地相連的 D 土地也是甲跟甲的兄弟共有，甲通行 C 土地及 D 土地就可以跟道路連接，因為 D 土地上有廢棄房屋跟堆置大量雜物才導致無法通行，而且未分割前的 B 土地本來就是一塊袋地，與民法第 789 條的規定不符，甲不能請求通行 B 土地，再加上甲所提出之方案不是對周圍地侵害最小的處所及方法，就 D 土地上的廢棄房屋跟大量堆置物甲應與家人內部協調及分割土地保留通路，而不是將不利益轉嫁給其他人負擔，應而駁回甲的請求。

參考資料：臺灣苗栗地方法院 109 年度簡上字第 47 號民事判決

鄰地的利用

以下為跟袋地通行權息息相關之鄰地利用法條：

・民法第 779 條

1. 土地所有人因使浸水之地乾涸，或排泄家用或其他用水，以至河渠或溝道，得使其水通過鄰地。但應擇於鄰地損害最少之處所及方法為之。

2. 前項情形，有通過權之人對於鄰地所受之損害，應支付償金。

3. 前二項情形，法令另有規定或另有習慣者，從其規定或習慣。

4. 第 1 項但書之情形，鄰地所有人有異議時，有通過權之人或異議人得請求法院以判決定之。

• 民法第 786 條第 1 項

　　土地所有人非通過他人之土地，不能設置電線、水管、瓦斯管或其他管線，或雖能設置而需費過鉅者，得通過他人土地之上下而設置之。但應擇其損害最少之處所及方法為之，並應支付償金。

• 民法第 792 條

　　土地所有人因鄰地所有人在其地界或近旁，營造或修繕建築物或其他工作物有使用其土地之必要，應許鄰地所有人使用其土地。但因而受損害者，得請求償金。

　　以下分別講述上開法條之構成要件及法律效果：

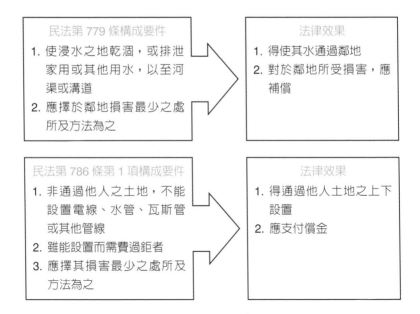

民法第 792 條構成要件	法律效果
1. 鄰地所有人在土地所有人土地地界或近旁 2. 營造或修繕建築物或其他工作物有使用其土地之必要	1. 得使用鄰地所有人之土地 2. 鄰地所有人受有損害，得向土地所有人請求賠償

案例　甲主張住家無設置排水設施，因此依照民法第 779 條第 1 項規定，請求要在乙所有土地及建物上架設排水管，排放廢水。乙主張甲住家所坐落之土地就直接面臨道路之地下水溝，甲可將家用廢水排放置門前地下水溝內而拒絕讓甲架設。

　　法院認為民法第 779 條第 1 項規定，須非經過鄰地無法排水始有適用；如果是因為使用自己土地排水需花費高額費用，就無適用餘地。甲已經說明家門口另設有排水溝，只是因為無設置排水設施，無法從該處排放家用廢水，額外設置排水設施將花費高額費用，所以才請求要在乙所有土地及建物上架設排水管，將家用廢水引送到乙所設置之排水設施內排放。

　　這種情形下，自無民法第 779 條第 1 項之適用，而駁回甲之請求。

參考資料：臺灣嘉義地方法院 110 年度簡上字第 70 號民事判決

案例　甲、乙均為公寓大廈之住戶，甲為三樓所有權人，乙為二樓所有權人。甲透過在陽臺打孔連接到二樓陽臺外架設排水管的方式排放家用廢水，乙的陽臺因為甲穿梁打孔，導致產生嚴重壁癌及

原有的梁配筋損壞。經建築師公會鑑定有影響安全結構的疑慮，所以乙就把甲的排水管堵住不讓甲排水，導致甲的陽臺嚴重積水。甲依照民法第779條第1項規定請求乙不得堵住排水管。

乙主張，甲因爲在三樓陽臺種植花草樹木，把公寓原有排水孔堵住，才另外透過在陽臺打孔的方式進行排放家用廢水。甲只要將其種植在三樓陽臺的花草樹木移除，公寓原有排水孔即可發揮原有作用，正常排水，而無須透過另外在陽臺打孔的排水孔進行排水。

一審法院認爲甲主張有理，故判乙不得堵住甲另外在陽臺打孔穿透至二樓陽臺之排水管，乙不服，提出上訴。

二審法院則認爲甲因爲自己原因導致公寓原有排水孔無法正常使用，是甲自己的問題；而且甲透過在陽臺打孔的方式已經對公寓整體結構造成危害，非屬損害最少之處所及方法。且民法第779條第1項以非流經他地而無法排放爲必要，甲自己三樓陽臺本來就有排水孔，可以透過原有的排水孔排放廢水，認爲甲的請求無據，甚改判甲應將原有排水孔回復原狀，成爲可排水狀態。

參考資料：臺灣臺中地方法院106年度訴字第3696號民事判決、臺灣高等法院臺中分院109年度上字第427號民事判決

案例 甲為B袋地所有權人，因B袋地面積較大，未來可規畫興建的建物較多元化。甲顧及此點，遂依據建築技術規則建築設計施工編第2條第1項第4款規定，請求通行A土地6公尺寬的範圍。

　　因 A 土地上的建物屬於興建時即規畫為一小型社區，且於興建之初就僅留設 3.7 公尺寬之私設道路供 A 土地建物所有權人通行，故拒絕甲請求通行 A 土地 6 公尺寬範圍之請求。

　　一審法院認為甲尚無具體確定待執行之建築計畫，且依照建築技術規則建築設計施工編第二條第 1 項第 2 款之規定，A 土地其實留設 3 公尺寬的道路就已經可以建築了，故僅判決甲得通行 B 土地上原私設道路 3.7 公尺寬之範圍，甲不服，提出上訴。

　　於上訴二審後，甲主張 A 土地上該社區之建造執照原所規畫之私設通道為 6 公尺寬，另有最寬處 9 公尺迴車道的設置，且該社區現況每戶前均有設置樓梯，始導致該社區私設道路寬度僅剩 3.7 公尺寬，所以其請求通行 A 土地 6 公尺寬範圍之請求當然有理由。

　　但二審法院認為該社區之建造執照與現今使用狀況不一樣，為多年居住使用的結果，該私設道路仍然應以現今實際鋪設柏油作為車道使用之範圍。經原審到場測量結果該私設道路寬度就是 3.7 公尺寬，且依照現今社會生活水準及一般車輛寬度情況，已經足以供一般人車通行。如果因為要供甲在 B 土地上蓋較大型建物，而限制 A 土地該社區所有權人現有之使用事實，並破壞現有既存的通行狀態，未免過當。且甲為建商，在 B 土地建築後，順利出售 B 土地上之建物即可獲利退場；A 土地該社區所有權人卻需無辜忍受承接甲建物而進住之不明人士的自由進出，有失公平。並強調如果因為個人利益而任意營建所應符合相關營建法規之事由，作為主張行使通行權的依據，此跟因個人買受袋地牟利所衍生不利益成本轉嫁於鄰地上沒有

差異，已經超出通行權之本意。自應由身爲建商之甲自行承擔其購買袋地之風險，而駁回甲的上訴，甲不服，再次提出上訴。

　　三審法院認爲建築技術規則等法規命令，雖然爲法官於個案酌定開設道路通行方案時之重要參考，但是鄰地所有人並無犧牲自己重大財產權利益，以實現袋地所有人最大經濟利益之義務。原審法院判決之通行方案已經可以讓甲在 B 土地上興建建物，已經達通常使用，甲不得因爲求自身利益最大化，而將不利益轉嫁予 A 土地所有權人，駁回甲的上訴，案件自此確定。

參考資料：臺灣臺中地方法院 107 年度重訴字第 593 號民事判決、臺灣高等法院臺中分院 109 年度重上字第 257 號民事判決、最高法院 111 年度台上字第 1201 號民事判決

確認通行權

　　通常提起確認通行權訴訟會分成二種情形：

1. 實際通行的道路被鄰地所有權人圍起來或堆置物品，導致無法通行。

　　例如：甲爲 A 袋地所有權人，通常都通行乙所有 B 土地進入到 A 袋地，但某日，乙突然將 B 土地以圍籬圍起來，導致甲無法進入 A 袋地。

2. 因土地爲袋地，無法指定建築線導致無法申請到建造執照，無法蓋房子。

　　例如：丙爲 C 袋地所有權人，因爲沒有與道路連接，所以無法指定建築線，遂向 D 土地所有權人丁提出確認通行權

訴訟，以開設私設道路對外連接之方式達到指定建築線之目的。

判決確定後之後續處理：於取得確認通行權的確定判決後，若鄰地所有權人仍持續阻礙通行，或阻礙鋪設道路等行為，可持判決及確定證明書向法院聲請強制執行程序。於強制執行程序中，就可以將阻礙通行或阻礙鋪設道路之物品或行為移除或排除，以維護自身權益。

申請建造執照部分，則附上判決及確定證明書讓相關機關做審核後也可順利申請。

與袋地通行權相關之其他法條

• 民法第 792 條

土地所有人因鄰地所有人在其地界或近旁，營造或修繕建築物或其他工作物有使用其土地之必要，應許鄰地所有人使用其土地。但因而受損害者，得請求償金。

• 最高法院 100 年度台上字第 468 號判決意旨

參之該條立法理由略以：各土地之所有人，在其疆界或其近旁修繕建築物者，應許使用土地，否則應於疆界線上酌留空地，備日後修繕之用。棄地既多，於經濟上所損實大等語，並參酌民法相鄰關係本重在相互利害之調和，不宜使土地所有人負過重之容忍義務。準此，必須土地所有權人因營造或修繕建築物或其他工作物，有使用鄰地之必要時，鄰地所有權人始有容忍之義務。

• 臺灣高等法院臺中分院 108 年抗更一字第 236 號裁定意旨

　　又該條鄰地使用權所稱謂「有使用之必要」，係指除使用鄰地外，即無以完成其營造或修繕建築物之工作而言，若僅係為減少工作之時間或費用者，尚難謂有使用之必要。

　　從上面的法條跟實務見解可得知，如果要依照民法第 792 條請求使用鄰地，指必須使用鄰地才能完成營造或修繕建物的工作，如果還有其他建築工法，只是為了減少工作時間或降低工程費用而不採用，那就無法使用鄰地。

> **案例**　甲要在 A 土地上興建房屋，但是因為新建建物興建工程施作需要搭設鷹架以施作建物外牆水泥、防水、磁磚等工程，承包商估計需在乙所有 B 土地北側搭設鷹架以利施工。乙主張甲還有其他建築工法可以不用在 B 土地搭設鷹架即可施作建物外牆水泥、防水、磁磚等工程，故而拒絕甲的請求。

　　一審法院認為甲在開庭時說有其他可以不用到 B 土地的建築工法，只是建築成本會增加 60 萬至 100 萬元，所以顯見甲請求使用 B 土地的目的是在於節省營建成本及花費，而不是一定要使用 B 土地，因而駁回甲的請求。

參考資料：臺灣臺南地方法院 108 年度營簡字第 349 號民事判決

> **案例**　甲為 A 建物所有權人，因靠近乙所有 B 土地之外牆尚未為防水粉刷工程，又僅有於 B 土地上搭設鷹架外無其他施作方法，遂請求於 B 土地上搭設鷹架。乙主張其為身障人士，因道路寬窄，若甲於 B 土地上搭設鷹架將會造成其通行困難，便拒絕甲的請求。

　　法院認爲防水粉刷外牆之工程確實僅有於 B 土地上搭設鷹架才可行，且甲已經答應若乙要出入，可隨時挪出空間讓乙通行，遂判決准予甲使用 B 土地。惟因考量對乙出入造成不便等因素，遂於判決主文加註甲於施作工程搭設鷹架時，應爲適當之隔絕防護措施，避免影響乙通行，並應給付乙償金五千元，以維公平。

參考資料：臺灣苗栗地方法院 110 年度苗簡字第 28 號民事判決

這樣不「刑」喔

　　未獲鄰地所有人同意即逕自在鄰地土地開挖、使用、埋設水管、電線等，都會觸犯刑法竊占罪，而遭判刑喔！所以，在使用鄰地前，切記一定要取得鄰地所有權人同意，以免觸法。

・刑法第 320 條

1. 意圖爲自己或第三人不法之所有，而竊取他人之動產者，爲竊盜罪，處五年以下有期徒刑、拘役或五十萬元以下罰金。

2. 意圖爲自己或第三人不法之利益，而竊占他人之不動產者，依前項之規定處斷。

3. 前 2 項之未遂犯罰之。

・最高法院 66 年台上字第 3118 號刑事判例意旨

　　刑法第 320 條第 2 項之竊占罪，爲即成犯，於其**竊占行爲完成時犯罪即成立**，以後之**繼續竊占乃狀態之繼續**，而非行爲之**繼續**。又因所竊占者爲他人不動產，衹是非法獲取其利益，其已否辦理登記，與犯罪行爲之完成無關。

案例　甲欲在其所有 A 土地上興建廠房。因為不知道鄰地所有人是誰，又看鄰地好像長年無人使用，便自行雇用工人開挖鄰地使用。沒想到，鄰地所有人突然出現，而且發現土地遭甲使用，便以觸犯竊占罪嫌對甲提出告訴。

於告訴後，甲便向鄰地所有人提出租用土地事宜，藉此取得土地合法使用權。

但法院認為甲確實於動工前，並未徵詢鄰地所有人。甲於明知未獲鄰地所有人同意，仍為建設工廠而決意占用鄰地，主觀上有意圖為自己不法利益之竊占犯意。雖然事後有意向鄰地所有人取得土地合法使用權，但也無從改變其已構成犯罪之事實，判決甲處有期徒刑二個月。

參考資料：臺灣橋頭地方法院 111 年度易字第 13 號刑事判決

案例　小明為某建設公司之董事長特別助理，負責管理公司工程事務，要於 A 地上興建房屋。但是為求施工方便，竟然於未經鄰地所有權人的同意，要求施工人員把鄰地跟 A 地鐵絲網圍起來，且逕自在鄰地上堆置工程廢物及廢土，鄰地所有權人得知後便對小明提出告訴。

小明主張，他有在鐵絲網留一個開口，而且依照民法第 792 條之規定，他對於鄰地有使用之必要，與竊占罪之構成要件不符。

但法院認為小明對於工程事務熟悉，且工程指示均為小明所下達。小明請施工人員在鄰地四周以鐵絲網圍起來，客觀上

已經占用到鄰地，而且所留設的開口也不是 24 小時都有開放，到了晚上就會關起來，已經妨害鄰地所有人的使用權。

　　再者，小明始終都沒有取得鄰地所有人同意，就逕自在鄰地上堆置工程廢物及廢土，在鄰地堆置工程廢物及廢土也不是屬於民法第 792 條所稱有使用之必要，自屬違法，判處小明有期徒刑四個月。

參考資料：臺灣高等法院臺中分院 99 年度上易字第 1688 號刑事判決

> **案例**　小花為了在 B 土地上興建透天房屋，明知 C 土地非為其所有，然為了貪圖施工方便，便指示施工人員在 C 土地上開挖後之地面鋪設水泥，作為施工放樣之空間，C 土地所有人得知後，便對小花提出告訴。

　　法院引用最高法院 85 年度台非字第 95 號刑事判決，認為民法第 792 條條文雖然沒有表明「請求」二字，但因為法條已經有提到「應許鄰地所有人使用其土地」。所以就代表小花一定要取得 C 土地所有人同意才能使用，故應解釋為是一種請求權。如果 C 土地所有人沒有被請求使用，當然就不負容忍使用之義務。

　　小花明知 C 土地並非其所有，不得無權占用，竟貪圖私利，擅自施工開挖，並在開挖後之地面鋪設水泥，作為施工放樣之空間。顯然欠缺尊重他人財產法益的觀念，所做行為實在不足取，並已違反竊占罪的規定，判處小花有期徒刑三個月。

• 最高法院 85 年度台非字第 95 號刑事判決

　　按民法第 792 條本文規定：「土地所有人因鄰地所有人在

其疆界或近旁，營造或修繕建築物有使用其土地之必要，應許鄰地所有人使用其土地。」法文雖未表明「請求」二字，但既規定「應許鄰地所有人使用其土地」，而允許之反面為請求，無請求即不生允許，故應解為是一種請求權。

倘鄰地所有人不請求使用時，土地所有人並不當然負容忍其使用之義務。如鄰地所有人經請求而不獲允許時，尚須訴請法院判決，命土地所有人容許，始得使用其土地；否則未經允許或法院之判決，擅自使用或支配他人之土地，在民事上應構成侵權行為，在刑事上仍不得謂非竊占他人之不動產。

參考資料：臺灣臺南地方法院 109 年度簡字第 2401 號刑事判決

除了在未獲鄰地所有人同意即逕自在鄰地土地開挖、使用、埋設水管、電線等，會觸犯刑法竊占罪外，任意阻擋有通行權存在的人通行，更會有觸犯刑法強制罪的問題。

• 刑法第 304 條

1. 以強暴、脅迫使人行無義務之事或妨害人行使權利者，處三年以下有期徒刑、拘役或九千元以下罰金。

2. 前項之未遂犯罰之。

• 最高法院 86 年度台非字第 122 號刑事判決

刑法第 304 條第 1 項稱「強暴」者，乃以實力不法加諸他人之謂，惟不以直接施諸於他人為必要，即間接施之於物體而影響於他人者，亦屬之。

• 最高法院 85 年度台非字第 75 號刑事判決

又刑法第 304 條之強暴脅迫，祇以所用之強脅手段足以妨害人行使權利，或足使他人行無義務之事為已足，並非以被害人之自由，完全受其壓制為必要。

案例　小華明知小真所有的土地為袋地，而且經過法院判決，確認小真對於小華所有的 A 土地有通行權存在，應容忍小真在 A 土地上於判決範圍內鋪設柏油路面。但是小華卻於小真鋪設好路面後，雇用工人將小真鋪設的柏油路面以挖土機開挖破壞。小真得知後立刻趕往現場阻止卻無效，小華仍將小真鋪設的柏油路面破壞殆盡，藉此妨害小真通行的權利，小真遂向小華提出刑事告訴。

　　小華主張該柏油路面雖然被破壞，但是還有一部分道路可供機車通行，小真進出袋地並未因他破壞柏油路面的行為完全遭剝奪。

　　法院認為強制罪之成立並非以小真之自由完全受壓制為必要，小華在破壞柏油路面時小真曾勸阻，但無效，這時已經造成小真無法以自己意思自由通行 A 土地，足認小真之行動自由及意思自由，確實已經遭小華對小真鋪設之柏油路面間接強暴之行為而受到壓制，客觀上已經符合強制罪的構成要件。且小華行為時為年滿 64 歲的成年人，社會經驗豐富，應該要知道他的行為會妨害小真通行 A 土地之權利。所以小華主觀上具有妨害小真行使權利的犯意，判處小華拘役 40 日。

參考資料：臺灣高等法院臺中分院 110 年度上易字第 549 號刑事判決

案例　小明所有之 Z 土地為袋地，之前透過法院訴訟程序確認對於阿花所有之 Q 土地有通行權存在。於判決確定後小明一直通過 Q 土地通行，沒想到於某日阿花竟然說小明應該要補償償金後才能繼續

通行。小明跟阿花以確認通行權判決上並未記載應補償阿花償金，拒絕阿花之請求。阿花惱羞成怒之下，竟故意將老舊汽車停放於 Q 土地上，阻擋小明通行。經小明請求移除，仍置之不理，小明便對阿花提出告訴。

阿花說，旁邊還有很寬的道路可以通行，她如果真的要擋住可以請鐵工焊住出入口。但她沒有，只是因為一直找不到小明處理償金問題，所以才將車輛停放在 Q 土地上。車輛當時故障，要等好了才能移走，表示自己沒有違反強制罪的規定。

但法院認為小明對於 Q 土地確實有通行權存在，阿花將車輛停放在 Q 土地上已經導致小明車輛難以進出，即已妨害小明經由 Q 土地行使至袋地之通行權，而構成刑法第 304 條第 1 項所稱之強制行為。小明對於 Q 土地既然有通行權，就沒有改由其他路徑或以其他方式通行出入的義務，阿花對於小明行使通行權之妨害，就不會因為小明是否還可以經由旁邊道路通行而有所改變。且對於償金有爭議時，可以請求法院以判決定之。阿花若認為小明應該支付償金，那也是應該另外提民事訴訟程序而為主張，不能逕自以強暴方式，妨害小明行使通行權之行為，否則將有架空民法規定，與民事法律關於土地通行權及償金之規範意旨背道而馳，判處阿花拘役 30 日。

參考資料：臺灣苗栗地方法院 110 年度苗簡字第 791 號刑事判決、臺灣苗栗地方法院 110 年度簡上字第 105 號刑事判決

案例　小黃所有土地為袋地，之前透過法院訴訟程序，確認小黃對於小林所有 Z 土地有 3.5 公尺寬之通

行權。但後來小黃跟小林發生糾紛，小林竟然雇用工人將大型貨櫃放置於小林通行部分之 Z 土地上，僅留 100 公分寬路面，阻擋小黃通行，小黃便對小林提出告訴。

小林表示 Z 土地是他的土地，他在自己土地上放置貨櫃並無犯罪，而且他原本放置的目的是因為擔心大家繼續從那邊出入，會導致他的土地變成既成道路，沒有要阻擋小黃通行的意思。

但法院認為小黃之前對於 Z 土地就已經透過法院訴訟程序確認有通行權存在，小林於小黃提出訴訟程序時就是 Z 土地所有人。而且 Z 土地該範圍早就為村落通行道路，年代久遠已不可考，經相關主管機關認定為既成道路。

再者，從小林的說詞，代表他知道 Z 土地該部分範圍一直以來都是供小黃及其他居民通行，又因為小林放置貨櫃的行為，導致小黃的汽車一直無法通行，只能使用機車勉強從貨櫃旁的通道通行，足認小林確實係以強暴方式施加於 Z 土地，妨害小黃車輛通行之權利，判處小林拘役 20 日。

參考資料：臺灣南投地方法院 108 年度訴字第 198 號刑事判決

對於阻礙有通行權的人通行，會觸犯刑法強制罪的規定。但是，若袋地所有人對於鄰地沒有通行權存在，對於鄰地就沒有正當權利可以行使，鄰地所有人於鄰地上放置物品阻礙到袋地所有人通行，則不會構成犯罪。

・最高法院 70 年度台上字第 1487 號刑事判決

　　刑法第 302 條第 1 項及第 304 第 1 項之罪，其所保護之法益，固均為被害人之自由，但前者係將被害人置於自己實力支配之下而剝奪其人身行動自由，**後者僅使人行無意義之事或於其行使「正當權利」時加以妨害**，二者構成要件，行為態樣及被害人受害之程度尚不相同。

> 案例　小春之前向小張承租 × 土地經營馬場，但是土地租賃期間屆滿，小春卻不願返還土地。小張雇用工人在 × 土地之馬場出入口放置二個大型貨櫃，阻擋小春及馬場客人車輛之通行，小春請求小張移除，小張以小春返還土地後就會移除為由拒絕小春之請求，小春便向小張提出告訴。

　　小春主張 X 土地是袋地，只有從馬場出入口連結至鄰地土地，才能對外通行到主要道路，小張已經妨害到他的袋地通行權。

　　法院認為，對於鄰地有通行權者，必須確實對於鄰地有權利存在，或者因該部分已經成為既成道路，才能擁有。而強制罪之妨害他人行使權利，構成要件中的權利，必須以正當權利為限。也就是說小張擺放貨櫃阻礙小春及馬場客人通行鄰地之行為，必須有妨害正當權利才能構成，不是小張擺放貨櫃就一定有妨害小春通行權。小春不是 X 土地的所有人，對於鄰地也沒有法律上正當權源，更沒有經法院認定有通行權之判決，小春對於鄰地沒有袋地通行權存在，當然就沒有袋地通行權遭小張侵害的問題。縱使小張確實放置貨櫃導致小春及馬場客人無法通行，也沒有構成強制罪嫌。

再者，X 土地也不是袋地，X 土地另外一側還有一個防汛道路可以通行，雖然防汛道路部分未鋪設道路，路面顛簸，交通上比較不便，但的確是可以從防汛道路進入到馬場的。最後，小春對於 X 土地已經沒有合法使用權，本來就應該將 X 土地還給小張，那小張放置貨櫃於馬場入口，小春也沒有權利會被妨害，而給予小張無罪判決。

參考資料：臺灣屏東地方法院 108 年度易字第 756 號刑事判決

「你中有我，我中有你」——袋地通行權與建築法規

袋地通行權的法條及衍生案例，已於本章前面內容說明。但是袋地通行權法條中的「不能爲通常使用」，卻與建築法規息息相關，需特別注意才能避免打了袋地通行權訴訟，但土地仍面臨無法建築的情形。

以下是與袋地通行權息息相關的建築法規：

・建築技術規則建築設計施工編第 2 條

一、基地應與建築線相連接，其連接部分之最小長度應在 2 公尺以上。基地內私設通路之寬度不得小於下列標準：

1. 長度未滿 10 公尺者爲 2 公尺。

2. 長度在 10 公尺以上未滿 20 公尺者爲 3 公尺。

3. 長度大於 20 公尺爲 5 公尺。

4. 基地內以私設通路爲進出道路之建築物總樓地板面積合計在 1,000 平方公尺以上者，通路寬度爲 6 公尺。

5. 前款私設通路爲連通建築線，得穿越同一基地建築物之地面層；穿越之深度不得超過 15 公尺；該部分淨寬並應依前 4 款規定，淨高至少 3 公尺，且不得小於法定騎樓之高度。

二、前項通路長度，自建築線起算計量至建築物最遠一處之出入口或共同入口。

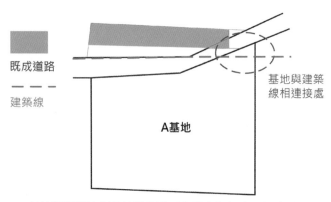

圖 3-19　基地與建築線相連接示意圖（依照法條規定，相連接部分最小長度應在 2 公尺以上）

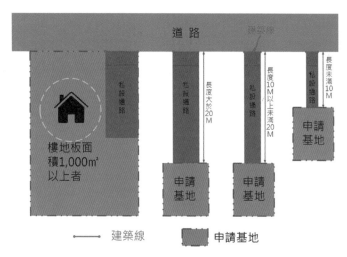

圖 3-20　基地內私設道路寬度示意圖

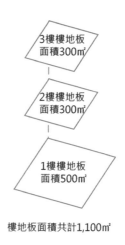

圖 3-21

• 建築技術規則建築設計施工編第 3-1 條

一、私設通路為單向出口，且長度超過 35 公尺者，應設置汽車
　　迴車道；迴車道視為該通路之一部分，其設置標準依下列
　　規定：

1. 迴車道可採用圓形、方形或丁形。

2. 通路與迴車道交叉口截角長度為 4 公尺，未達 4 公尺者以其
　　最大截角長度為準。

3. 截角為三角形，應為等腰三角形；截角為圓弧，其截角長度
　　即為該弧之切線長。

二、前項私設通路寬度在 9 公尺以上，或通路確因地形無法供
　　車輛通行者，得免設迴車道。

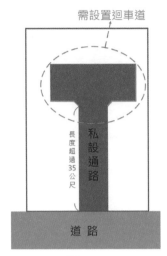

圖 3-22

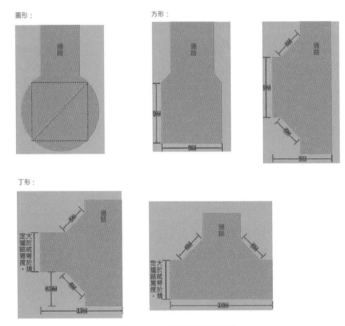

圖 3-23　迴車道示意圖

資料來源：全國法規資料庫附檔

‧建築技術規則建築設計施工編第 118 條

一、前條建築物之面前道路寬度,除本編第 121 條及第 129 條
　　另有規定者外,應依下列規定。基地臨接二條以上道路,
　　供特定建築物使用之主要出入口應臨接合於本章規定寬度
　　之道路:

1. 集會堂、戲院、電影院、酒家、夜總會、歌廳、舞廳、酒
　　吧、加油站、汽車站房、汽車商場、批發市場等建築物,應
　　臨接寬 12 公尺以上之道路。

2. 其他建築物應臨接寬 8 公尺以上之道路。但前款用途以外之
　　建築物臨接之面前道路寬度不合本章規定者,得按規定寬度
　　自建築線退縮後建築。退縮地不得計入法定空地面積,且不
　　得於退縮地內建造圍牆、排水明溝及其他雜項工作物。

3. 建築基地未臨接道路,且供第 1 款用途以外之建築物使用
　　者,得以私設通路連接道路,該道路及私設通路寬度均合於
　　本條之規定者,該私設通路視為該建築基地之面前道路,且
　　私設通路所占面積不得計入法定空地面積。

二、前項面前道路寬度,經直轄市、縣(市)政府審查同意者,
　　得不受前項、本編第 121 條及第 129 條之限制。

‧建築技術規則建築設計施工編第 119 條

　　建築基地臨接前條規定寬度道路之長度,除本編第 121 條
及第 129 條另有規定者外,不得小於下表規定:

表 3-3

特定建築物總樓地板面積	臨接長度
500 平方公尺以下者	4 公尺
超過 500 平方公尺，1,000 平方公尺以下者	6 公尺
超過 1,000 平方公尺，2,000 平方公尺以下者	8 公尺
超過 2,000 平方公尺者	10 公尺

　　前項面前道路之臨接長度，經直轄市、縣（市）政府審查同意者，得不受前項、本編第 121 條及第 129 條之限制。

NO！不需要那麼多

案例　　自建築線起算至 A 袋地之長度為 10 公尺，試問 A 袋地所留設之私設道路達幾公尺即可建築？

　　建築技術規則建築設計施工編第 2 條第 1 項第 1 款未滿 10 公尺，指的是 10 公尺以下，故長度為 10 公尺，依據建築技術規則建築設計施工編第 2 條第 1 項第 2 款之規定，所留設之私設道路寬度需為 3 公尺才能建築。

案例　　甲所有 A 基地因為與建築線無直接相連接，逐向 B 基地所有權人請求通行 5 公尺寬度之範圍，甲並稱其主張要通行 5 公尺寬度範圍是因為他要在 A 基地上蓋一棟豪宅，到時候會有很多大型機械到場施工，這樣才有滿足 A 基地的通常使用。

- 情形一：法院受理後，指派地政機關到場測量，發現 A 基地至與建築線連接的長度僅有 18 公尺。

　　依據建築技術規則建築設計施工編第 2 條第 1 項第 2 款規定，因長度未滿 20 公尺，所以留設的私設道路寬度僅需 3 公尺即可建築，甲不可以建築時會有很多大型機械到場施工為由而留設 5 公尺寬度之道路。

- 情形二：法院受理後，指派地政機關到場測量，發現 A 基地至與建築線連接的長度僅有 18 公尺，但甲表示他要蓋的房子樓地板面積合計有 1,200 平方公尺。

　　依據建築技術規則建築設計施工編第 2 條第 1 項第 4 款規定，因為甲要蓋的房子樓地板面積超過 1,000 平方公尺，所以甲要留設的私設道路需達 6 公尺，若甲堅持要留 5 公尺，那甲可能需要修改建築方案，使房子樓地板面積合計低於 1,000 平方公尺，否則甲不能於 A 基地上興建樓地板面積合計有 1,200 平方公尺的房子。

地方政府規定要小心

　　分割共有物案件是指將一個多數人共有的土地分割為個人所有或少數人共有的分別土地，但分割出來的土地如果要建築，各地方政府對於分割後土地亦設有相關限制，以下以臺南市為例。

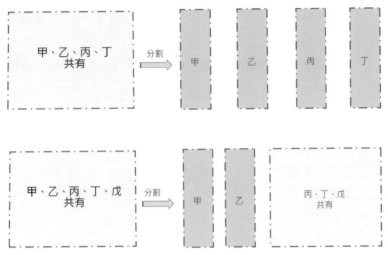

圖 3-24　分割共有物型態示意圖

案例　A 土地為乙種建築用地，甲、乙二人為 A 土地共有人，想要將 A 土地分割成 B 土地跟 C 土地，然依照臺南市政府訂定之臺南市畸零地使用規則之規定，分割後的 B 土地跟 C 土地的寬度及深度需視正面路寬而定，否則 B 土地跟 C 土地恐面臨無法建築之窘境。

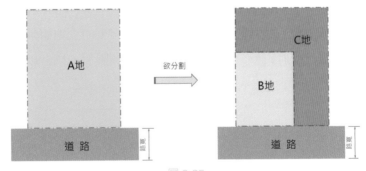

圖 3-25

・臺南市畸零地使用規則第 2 條第 1 項第 3 款

　　本規則用詞，定義為「正面路寬：指基地面前道路之寬度」。

・臺南市畸零地使用規則第 6 條第 1 項

　　附表一之基地寬度，每增加 10 公分，其深度得減少 20 公分。但減少後之深度不得小於 4 公尺。

附表一

一、一般建築用地：

使用分區或使用地別　基地情形（公尺）		甲、乙種建築用地及住宅區	商業區	丙種建築用地及風景區	丁種建築用地及工業區	其他使用分區
正面路寬七公尺以下	寬度（公尺）	三·〇〇	三·五〇	六·〇〇	七·〇〇	三·五〇
	深度（公尺）	一二·〇〇	一一·〇〇	二〇·〇〇	一六·〇〇	一二·〇〇
正面路寬超過七公尺至十五公尺	寬度（公尺）	三·五〇	四·〇〇	六·〇〇	七·〇〇	四·〇〇
	深度（公尺）	一四·〇〇	一三·〇〇	二〇·〇〇	一六·〇〇	一六·〇〇
正面路寬超過十五公尺至二十五公尺	寬度（公尺）	四·〇〇	四·五〇	六·〇〇	七·〇〇	四·五〇
	深度（公尺）	一六·〇〇	一五·〇〇	二〇·〇〇	一六·〇〇	一七·〇〇
正面路寬超過二十五公尺	寬度（公尺）	四·〇〇	四·五〇	六·〇〇	七·〇〇	四·五〇
	深度（公尺）	一六·〇〇	一八·〇〇	二〇·〇〇	一六·〇〇	一八·〇〇

圖 3-26

　　依照臺南市畸零地使用規則第 6 條第 1 項規定，B 土地跟 C 土地的寬度跟深度需視 A 土地正面路寬寬度而定，假設 A 土地正面路寬寬度為 9 公尺，B 土地跟 C 土地之寬度需達 3.5 公尺，深度需達 14 公尺，始能建築。

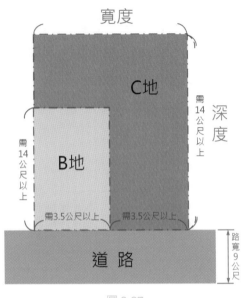

圖 3-27

一萬種可能

案例　Q土地欲分割為 A 土地、B 土地、C 土地、D 土地、E 土地、F 土地及 G 土地，試問該私設道路寬度為幾公尺較為合適？

　　本案私設道路呈現 T 字型是為了避免 C 土地、D 土地及 E 土地分割後沒有對外連接道路而成為袋地，與設置迴車道之概念並不相同，為避免搞混，特此說明。

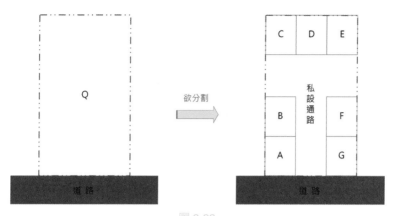

圖 3-28

• 情形一：私設道路長度為 18 公尺

　　依照建築技術規則建築設計施工編第 2 條第 1 項第 2 款之規定，該私設道路寬度應以 3 公尺較為合適。

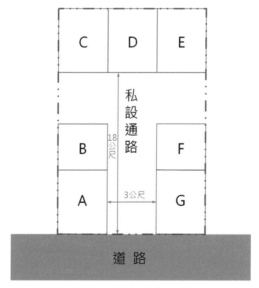

圖 3-29

‧情形二：私設道路長度為 25 公尺

　　依照建築技術規則建築設計施工編第 2 條第 1 項第 3 款之規定，該私設道路寬度應以 5 公尺較為合適。

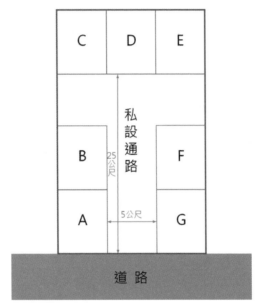

圖 3-30

‧情形三：私設道路長度為 25 公尺，且基地內以私設道路為進出道路之建築物總樓地板面積合計為 1,200 平方公尺

　　依照建築技術規則建築設計施工編第 2 條第 1 項第 4 款之規定，該私設道路寬度應以 6 公尺較為合適。

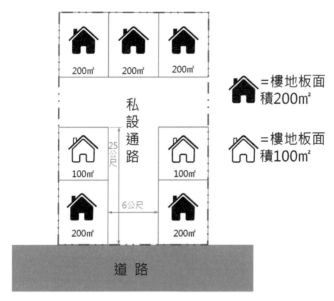

圖 3-31

樓地板面積共計1,200m²

・情形四：私設道路長度爲 37 公尺

　　依照建築技術規則建築設計施工編第 2 條第 1 項第 3 款之規定，該私設道路寬度應以 5 公尺較爲合適，且應設置迴車道。

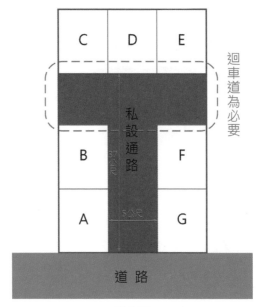

圖 3-32

• 情形五：私設道路長度為 37 公尺，且基地內以私設道路為進
　出道路之建築物總樓地板面積合計為 1,200 平方公尺

　　依照建築技術規則建築設計施工編第 2 條第 1 項第 4 款
之規定，該私設道路寬度應以 6 公尺較為合適，且應設置迴車
道。

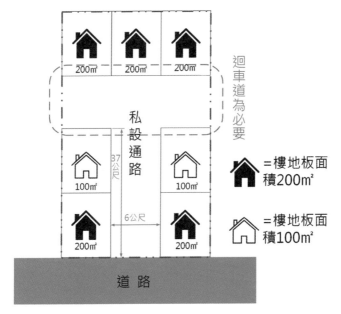

樓地板面積共計1,200㎡

圖 3-33

建築法相關之道路

建築高度的地雷：技術規則第14條第2項

接到了黃建築師的電話。電話彼端，他喜不自勝的告訴我：「使用執照終於拿到了！」

這是他第一個受建設公司委託的案子。新手建築師面對商業建築，一來需要滿足市場的需求；二來要面對法規諸多的陷阱，真的不容易。他說：「面對這些風險，若不能勇往直前，那我永遠看不到在風險後面的機會。」令人佩服的新手建築師。

二個月前他打電話找我，說踩到地雷了。見面後，看了圖後我也唸了他一番：「技術規則14條第1項，是不是沒看清楚；又第166條看完之後，連第2項都忘了……。」

黃建回：「千辛萬苦的指出了6公尺現有巷道建築線，以為一切會一帆風順了，真的沒有注意到小於7公尺的道路，在中心線3.5公尺內，建築高度只能有9公尺高。現在建築都蓋完了（屋頂版勘驗完成），要領使照了才發現。」

我問：「現在建築物，簷高是幾公尺？」

「12.4公尺」他說。

我回：「啊！這下子難了！」「答案不會在辦公室，應該會在『命案現場』，我們去現勘吧！」

到了現場，再對了建照圖。發覺建築物自建築線退了45公分（這是高雄建築師的優良習慣，哈！）。

於是我們請工地主任丈量現場建築物與建築線之間的距離。發現由於「施工誤差」，建築物與建築線相差52公分左右……。心想太好了，「施工誤差」救了這個案子。

我向黃建築師解釋：「6公尺道路自建築線退50公分建築，與退51公分建築，在建築高度上，有天南地北的差別。這是少數有『建設性』的施工誤差……。」

於是請黃建築師辦理變更設計，繳交「先行動工」的罰款。這總比原先此案需敲掉的四樓來得便宜吧！

各位，在基地面對小於7公尺的道路，請一定要注意建築的配置要後退，或者是高度限為9公尺以下。切記！

專案解析

在建築技術規則第166條中規定，本篇第14條有關高度限制部分，不適用實施容積管制地區。說白話點，就是在臺灣地區，第14條幾乎不適用。

但由於各地方縣市政府的執行不同，或對於本條例的見解不同，常導致相同的設計，在不同的縣市，有不同的結果。建築技術規則中，由於「面前道路」不同的認定條件以及方式，成為影響建築物的高度最重要的因素之一，沒有一定的公式可以一概而論。

然而，目前在都市計畫區，大概以技規第164條即可面對大部分的情況。但若涉及區域計畫地區、私設通路，以及7公尺以下道路，就一定要請當地的建築師，權衡利害關係，才能有正確的參數，以供判斷。

相關法規

• 建築技術規則建築設計施工編第 14 條

一、建築物高度不得超過基地面前道路寬度之 1.5 倍加 6 公尺。面前道路寬度之計算，依下列規定：

1. 道路邊指定有牆面線者，計至牆面線。

2. 基地臨接計畫圓環，以交會於圓環之最寬道路視爲面前道路；基地他側同時臨接道路，其高度限制並應依本編第 16 條規定。

3. 基地以私設通路連接建築線，並作爲主要進出道路者，該私設通路視爲面前道路。但私設通路寬度大於其連接道路寬度，應以該道路寬度，視爲基地之面前道路。

4. 臨接建築線之基地內留設有私設通路者，適用本編第 16 條第 1 款規定，其餘部分適用本條第 3 款規定。

5. 基地面前道路中間夾有綠帶或河川，以該綠帶或河川兩側道路寬度之和，視爲基地之面前道路，且以該基地直接臨接一側道路寬度之 2 倍爲限。

二、前項基地面前道路之寬度未達 7 公尺者，以該道路中心線深進 3.5 公尺範圍內，建築物之高度不得超過 9 公尺。

三、特定建築物面前道路寬度之計算，適用本條之規定。

• 建築技術規則建築設計施工編第 164 條

建築物高度依下列規定：

一、建築物以 3.6：1 之斜率，依垂直建築線方向投影於面前道路之陰影面積，不得超過基地臨接面前道路之長度與該道路寬度乘積之半，且其陰影最大不得超過面前道路

對側境界線；建築基地臨接面前道路之對側有永久性空地，其陰影面積得加倍計算。陰影及高度之計算如下：

$$As \leq \frac{L \times Sw}{2}$$

$$且 H \leq 3.6\,(Sw + D)$$

As：建築物以 3.6：1 之斜率，依垂直建築線方向，投影
　　於面前道路之陰影面積。

L：基地臨接面前道路之長度。

Sw：面前道路寬度（依本編第 14 條第 1 項各款之規定）。

H：建築物各部分高度。

D：建築物各部分至建築線之水平距離。

二、前款所稱之斜率，爲高度與水平距離之比值。

• 建築技術規則建築設計施工編第 166 條

　　本編第 2 條、第 2-1 條、第 14 條第 1 項有關建築物高度限制部分，第 15 條、第 23 條、第 26 條、第 27 條，不適用實施容積管制地區。

當需要做決定，就會有「雜訊」

　　有位醫師 H 桑，中年從商，走進了製藥業。由於有出色的本質學能，以及十年在醫界的打拼積累。在資金的挹注下，天時、地利、人和，創業十年即有所成。也在後十年，又併購了中南部二個廠房，亦步亦趨，事業做得風生水起。

　　一年前，在南部又有擴廠需求，這次要購地新建廠房。評估了二塊「丁建」，皆在同一個區位，相去不遠。在每坪單價

上，A 地由於直接面臨省道，價格比 B 地高出近 20%，但 B 是空地。而在評估期間，各路人馬所提供的資訊千頭萬緒；網路上撈獲的訊息，更是千奇百怪。

「雜訊」蜂擁而至，令他束手無策、坐立難安，無法做出正確的「診斷」。他說：「每當要做決定，就會有『雜訊』；由於太多的雜訊，所以今天來找你。」

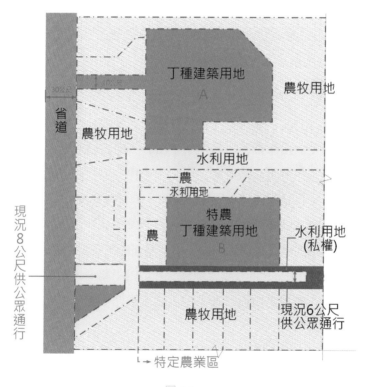

圖 4-1

我說：「正本清源，丁種建築用地的態樣約有二十種，從地籍的形狀分區，A 地應該為毗連變更而來；B 地應為原編，但看樣子有套繪。」

「有何差別？」他又問。

我說：「A 地入手後，可能要變更原有的『興辦事業計畫』，不見得可以馬上使用；B 地，買了要處理建築線及建築技術規則 118 條的限制，又有套繪問題，可能有所阻礙，但 B 地只要在購地前處理好就沒問題。」

最後他無奈的說：「太好了！這情況從來沒人提供給我。購買土地的過程，真的存在太多系統性雜訊了……。」果然，跟醫生的對話是哲學性維度的檔次，像是在看病問診。說真的，決定購買一塊土地的過程，就是如此。

專案解析

大部分的工廠用地，從「外觀」上來看，就可以推定它的「編定」由來為何。我常說，由於不同的編定原因，以致丁種建築用地可以被歸類出至少二十種。但我們今天說的是「路」；有關丁種建築用地的種類，另有機會書明報告。

本案 A 地經查其使用執照曾有數筆，後期申請的基地地號、基地面積又與前期不同，且相差甚多，又「各棟建築物」以 A 地臨接省道這一段土地為「基地內道路」。如此幾乎可以判定，A 地是由原一塊基地，之後辦理「工業用地毗鄰」而來的。

而 B 地與建築線之間隔著水利用地，這簡直是「原編」的丁種建築用地模範生，在 65 年 5 月 31 日前已經存在的工業廠房，所使用的土地，依法現況編定為丁種建築用地。但是，由於面臨「自然形成」的道路，以致 B 地在原建築物拆除後「未」臨建築線。

相關法規

• 非都市土地使用管制規則第 31 條

一、工業區以外之丁種建築用地或都市計畫工業區土地有下
　　列情形之一而原使用地或都市計畫工業區內土地確已不
　　敷使用，經依產業創新條例第 65 條規定，取得直轄市或
　　縣（市）工業主管機關核定發給之工業用地證明書者，
　　得在其需用面積限度內以其毗連非都市土地申請變更編
　　定為丁種建築用地：

1. 設置污染防治設備。

2. 直轄市或縣（市）工業主管機關認定之低污染事業有擴展
　　工業需要。

二、前項第 2 款情形，興辦工業人應規畫變更土地總面積百
　　分之十之土地作為綠地，辦理變更編定為國土保安用
　　地，並依產業創新條例、農業發展條例相關規定繳交回
　　饋金後，其餘土地始可變更編定為丁種建築用地。

三、依原促進產業升級條例第 53 條規定，已取得工業主管機
　　關核定發給之工業用地證明書者，或依同條例第 70-2 條
　　第 5 項規定，取得經濟部核定發給之證明文件者，得在
　　其需用面積限度內以其毗連非都市土地申請變更編定為
　　丁種建築用地。

四、都市計畫工業區土地確已不敷使用，依第 1 項申請毗連
　　非都市土地變更編定者，其建蔽率及容積率，不得高於
　　該都市計畫工業區土地之建蔽率及容積率。

五、直轄市或縣（市）工業主管機關應依第 54 條檢查是否依

原核定計畫使用；如有違反使用，經直轄市或縣（市）工業主管機關廢止其擴展計畫之核定者，直轄市或縣（市）政府應函請土地登記機關恢復原編定，並通知土地所有權人。

- 建築技術規則建築設計施工編第 163 條

一、基地內各幢建築物間及建築物至建築線間之通路，得計入法定空地面積。

二、基地內通路之寬度不得小於下列標準，但以基地內通路為進出道路之建築物，其總樓地板面積合計在 1,000 平方公尺以上者，通路寬度為 6 公尺。

1. 長度未滿 10 公尺者為 2 公尺。

2. 長度在 10 公尺以上未滿 20 公尺者為 3 公尺。

3. 長度在 20 公尺以上者為 5 公尺。

三、基地內通路為連通建築線者，得穿越同一基地建築物之地面層，穿越之深度不得超過 15 公尺，淨寬並應依前項寬度之規定，淨高至少 3 公尺，其穿越法定騎樓者，淨高不得少於法定騎樓之高度。該穿越部分得不計入樓地板面積。

四、第 1 項基地內通路之長度，自建築線起算計量至建築物最遠一處之出入口或共同出入口。

- 建築技術規則建築設計施工編第 118 條

一、前條建築物之面前道路寬度，除本編第 121 條及第 129 條另有規定者外，應依下列規定。基地臨接二條以上道路，供特定建築物使用之主要出入口應臨接合於本章規定寬度之道路：

1. 集會堂、戲院、電影院、酒家、夜總會、歌廳、舞廳、酒吧、加油站、汽車站房、汽車商場、批發市場等建築物，應臨接寬 12 公尺以上之道路。

2. 其他建築物應臨接寬 8 公尺以上之道路。但前款用途以外之建築物臨接之面前道路寬度不合本章規定者，得按規定寬度自建築線退縮後建築。退縮地不得計入法定空地面積，且不得於退縮地內建造圍牆、排水明溝及其他雜項工作物。

3. 建築基地未臨接道路，且供第 1 款用途以外之建築物使用者，得以私設通路連接道路，該道路及私設通路寬度均合於本條之規定者，該私設通路視為該建築基地之面前道路，且私設通路所占面積不得計入法定空地面積。

二、前項面前道路寬度，經直轄市、縣（市）政府審查同意者，得不受前項、本編第 121 條及第 129 條之限制。

土地投資的停損點

很多人對於我的誤解，以為我很「喜歡」處理奄奄一息的土地，且以能讓土地「起死回生」為樂。各位，這是不正確的認知，那些土地搞得我思覺失調、家庭失和。我也只想面對簡單的土地，且輕鬆度日即可。

然而在從業過程當中，面對許多九死一生的土地，每一塊土地皆值得開發，也值得細心研究，但每一塊地背後都有一堆問題。所以當地主們在聽到小道消息之後，盛情難卻、酒酣耳熱之際，一廂情願地購地置產，並期待這些不動產只要放著，便能吸收日月精華，自己提高身價，而困難就因此發生了。

　　有一塊市地重劃區的角地，面臨 20 公尺道路及 15 公尺道路，位於非常重要的地點，看起來後市可期。這地要標售前，有二位仲介團隊、三位投資者，外加二位朋友（來諮詢的人數都快可以湊成二桌打麻將了）來找我評估。

　　其土地寬度 10 公尺，但這區的土地使用管制要點，是要退縮 5 公尺才能建築，又有 5,000 平方公尺才能開發的限制。所以這是一塊有地價，但沒有單獨開發價值的土地。建議不出手為妙。

　　來者當中有位投資者說：「這塊地點好，雖然限制很多，但我認為值得出手，大不了 10% 停損之後轉手。您覺得這邏輯對嗎？」

　　我回：「個人認為不妥。您所提的是投資股票的心法；用在土地經營上，會有危險性。甚至在某些因素下，會萬劫不復、一敗塗地。停損點的邏輯在操作股票時很可行，但土地經營沒有停損點的概念。若入場買土地之前沒有仔細評估，而買了一塊『危地』或『死地』，之後可能無人接手、無法開發。屆時在資金壓力下，以及前方不明的情況下，會淪落為受制於人，任人宰割的田地。」

　　在策馬入林之前，要將一片未知的疆野調查清楚，才能獲利豐厚地全身而退。若是人云亦云、不明究理地進入沙場，可能馬革裹屍而出，只是徒增惆悵。不可輕忽啊！

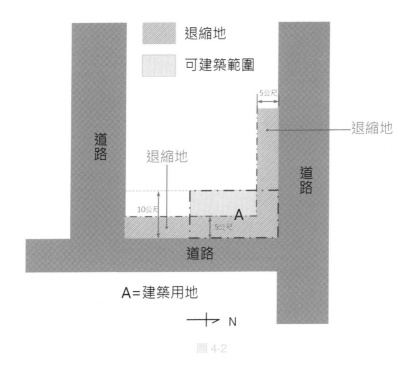

圖 4-2

專案解析

　　由於舊市區的不堪使用，各城市皆不斷以市地重劃，來解決都市成長以及轉型的問題。在新的市地重劃區，有關道路的定位愈來愈複雜。有分防災道路、景觀大道、聯外道路、生態綠園道、文化道路……林林總總，不一而足。

　　雖然在市地重劃區，大概不會有指不出建築線以及畸零地的問題，道路的寬度也會合乎分區的使用規定，有一定的配套管制。而不同的道路位階，又有不同的退縮規定、地下室開挖限制、建築物退縮牆面線、建築物的高度退縮比例，甚至是最小的面積的開發基地。

> 若有需要面對新的重劃區，一定要學會看懂都市計畫的細部計畫。尤其是其道路系統、分區邏輯，以及土地使用管制要點，如此才不會誤入歧途，誤觸地雷。

找對問題就有解答

在我們辦理特定工廠案件時，並非來者不拒，因為我們的人力有限，又非每一案辦完之後皆有利環境。而且，我們喜好與「情投意合」的人們一起往前走，所以每年能夠接案的數量，大概在十件以內。

然而在評估專案時，常常會有令人意想不到，或是與一些「土地」相見恨晚的感嘆。以下案例即是。

A 地座落於都市內的甲種工業區，在基地上已有一未登記的廠房。因為在管制上，這一塊地是屬畸零地，所以一直無法申請建築：

1. 基地臨接建築線部分寬度不足 7 公尺。
2. 旁邊又有未廢渠的水利溝（土地使用分區：甲工）。
3. 未指定建築線的巷道（土地使用分區：甲工）。

以上三點，皆像是緊箍咒般的套住了這塊地，令土地無法發揮效益。

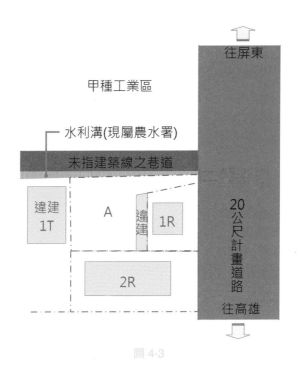

圖 4-3

　　在土地利用的專業上，問題找對了，答案就不遠了。

1. 臨建築線未達 7 公尺，但這塊地是民國 82 年以前就分割完成，因此可解。

2. 水利溝屬農水署，已沒有灌、排業務使用，可申請廢渠，因此可行。

　　就以上二點，針對「土地使用管制」。但是就「土地開發」而言，一定要將未指定建築線的巷道，變成建築技術規則第一章第 1 條第 39 款的「道路」，如此在甲工用地稀缺的今日，這塊地就不可同日而語了。

道可道，非常道

　　在土地開發的歷程中，影響一塊地的產品定位、開發時程、獲利高低的因素，除了「土地使用管制規則」之外，最重要的三大條件是：1. 建築線；2. 是否有套繪；3. 環境敏感區的相關問題。

　　其中，建築線的指定，是關係到法規的部署以及攻防。

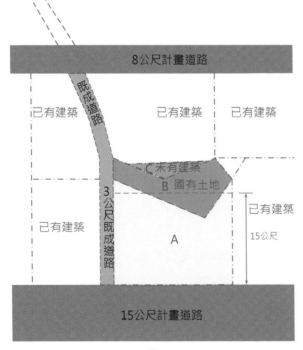

A地=住宅區建地
B地=國有土地(原「裡地」但有建築線後，非畸零地)
C地=未有建築建地(裡地)
D地=3公尺既成道路

圖 4-4

這個案例，B 地對 A 地及 A 地所面臨的 15 公尺計畫道路而言，原爲「公有裡地」。但在指定建築線時，因爲「太努力」了，將 A 地左邊原非「現有巷道」的「既成道路」指出了建築線後，A 地馬上喪失取得購買 B 地的「絕對性」位置。很可惜，如此不只是獲利降低，也使產品定位困難，以及成本增加。

爲何？若 A 地左邊的「既成道路」，無法指定建築線 B 地（330 平方公尺以內），就 A 地而言，從計畫道路起算 16 公尺之內，B 地是「公有裡地」，如此 A 地即可以向國有財產署申請「專案讓售」，使得基地坵塊方正，易於配置。更重要的是，這區地的「土管」，1,000 平方公尺以上才可以做「容移」。

當 A 地左邊這「既成道路」有了建築線，B 地臨建築線的面寬，大概有 3.03 到 3.08 公尺（此地爲「數值區」），已經是屬超過 3 公尺寬的「非公有畸零地」。A 地若要合併使用，只能向國產署申請「標售」。如此，會讓無法預料的風險提高，若要強渡關山，可能所費不貲。

在土地開發整合上，並非需要把鄰基地的建築線全指出來，才是最好的答案。重點要去推測、評估，怎麼樣做才是對這一塊土地，在開發及建築上最好的樣態。否則把建築線指活了，卻把土地搞死了。

老子說：「道可道，非常道。」有些時候，故意不指出建築線，沒有「公告的道路」，才是最好的解答。

專案解析

建築線不只是建築線。

建築基地需鄰接建築線，才能建築。這是爲了興建建築時，一定要有的必要條件。

然而，若是站在土地開發、併購鄰地的執行策略時，則必須權於利害，將「是否一定要指出建築線」，視為一名詞，當成一攻防的要素。如此，才不會落入與一些機會失之交臂的困境。

本案即是一範例，倘 A 旁邊通路，未能指出建築線，B 地即為「公有裡地」。但若這通路被指出建築線，B 地就不是「畸零地」。以上二種不同的情況，對於 A 地的開發影響甚大，以下就這通路「沒有指出建築線」來討論：

A 地即可以「公有裡地合併證明」，要求國有財產署「專案讓售」，購入 B 地。

購入 B 地後，又因為 C 地為畸零地，又可能整合 C 地，讓基地的坵塊方正，有利開發。

待整合好，再將通路指定建築線，基地有雙向出入口。

處理建築線最重要的是在認定土地攻守的策略，謀定而後動，才能先發制人。

把便宜變成好貨

2021 年南臺灣最大的地產嘉年華，當屬台積電來高雄設廠。一時間，煙花怒放，率土同慶；媒體對相關地方政府，更是無所不用其極的歌功頌德、樹碑立傳。

在這個浪頭上，高雄的土地，應聲價漲，奇貨可居。一些正當的都內土地，加價五成售出比比皆是。一些奇形怪狀的都外土地，也紛紛出籠，小建商先下手為強，入袋為安。

漸漸的，有問題的土地在進入實際設計、請照階段時，其本質上的問題及法規限制，如同地雷般的，一一炸裂。

　　甲建商，仲介出身，善於獵地，又有三寸不爛之舌，常常可以扭轉乾坤。所以在這地價狂飆之時，也能夠低價入市。如圖 4-5 中，E、D、F、G 土地，他就是以很甜的地價取得（真的是要給他掌聲鼓勵）。

　　但這 4 塊土地，只剩下 12 平方公尺的樓地板面積可用，因為都外的私設通路，還是要以實施區域計畫地區建築管理辦法第 11 條管制，也即是私設通路 6 公尺寬以上，才能夠申請 1,000平方公尺的樓地板面積。

　　本案私設通路只有 5 公尺寬，且已經使用了 988 平方公尺，所以只剩下 12 平方公尺的樓地板面積可以申請。

　　有關私設通路的管制相當複雜，有建築法、財稅法、民法，甚至是監察院也有意見。所以在處理有關私設通路的物件時，一定要全盤考慮，才能把便宜變成好貨。

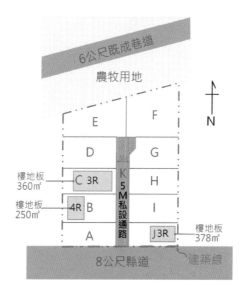

C＋B＋J＝988m² 樓地板面積

圖 4-5

不要以為，有了建築線就沒事

買一塊建地，我個人覺得最重要的三件事情：

1. 需要有建築線。
2. 非法定空地。
3. 沒有民法 426-1 條及土地法 104 條的限制。

這是最近在讀書會的朋友中分享的案例。說真的，這樣的案例唾手可得，像政治人物的競選看板，處處可見，有如鬼魅。

最近有一位朋友 W 君，因為認識多年而且常見面，常常聽我提醒他買地的三大要訣。他每次買地之前，一定會評估以上三項，尤其是建築線。所以他從事建設以來，一直是出入平安；操作建設案也都能全身而退。

但他最近遇到問題了。三年前他買了一塊如圖 4-6 中的土地，這樣的土地要取得建築線不是問題；申請建照、興建也不會是問題。但是，「拿使用執照就可能會有問題了」。

因為此案的建築線，建管人員逕行以水溝的邊界線為建築線，並沒有通過「既成道路」的「公告」，所以「公用地役關係」會有所爭議。私有土地的地主向 W 君收取鉅額費用，才願意讓自來水管通過，否則就會向高等法院提起行政訴訟。屆時曠日廢時，建案開賣就會遙遙無期。由於建案接近完工，所以只能花錢消災了。

不要以為有了建築線就沒事了。在此案例中非屬計畫道路的部分，一定需要有「公用地役關係」的「既成道路」，指定

建築線才能夠適用自來水法 61-2 條，而且才能夠在「公用地役
關係確認之訴」當中獲勝。

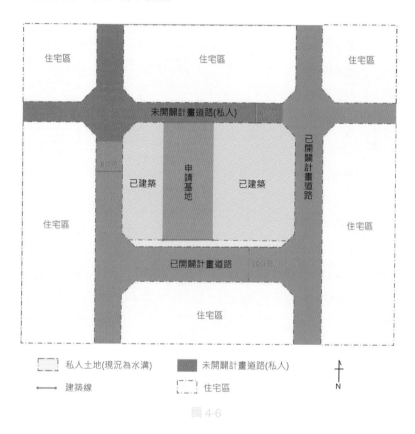

圖 4-6

地產界的米開朗基羅

　　W 律師在多年的執業經歷後，慢慢的發覺自己對地產的相
關業務，有極高的興趣。經他的師傅介紹之下，若有此類的專
案，皆會來找我詢問意見。

他有法律人謹慎冷靜的訓練，卻有藝術家富有創造力的個性。所以在見面前，他會對案子做足了功課，也會預備一些在標準答案以外，富有想像的解決方式。

本案為共有物分割，要分為三份，有不同的持分。他提出的方式如圖所示。說真的，除了民法物權篇外，也已經面對了：

1. 6 公尺的建築線。

2. 私設通路的寬度。

3. 畸零地的檢討。

在無涉「建築行為」管制上，這已經是相當成熟的作法了。

但是，6 公尺的既成道路尚未指定建築線，有可能性的風險。

私設通路在長 20 公尺以下，可以寬 3 公尺。但是，私設通路長度的計算，是從建築線到建築物的出入口。目前，C 地離可能建築線的距離，為 19.8 公尺。日後建築很難配置使用，這有設計上的困難。

畸零地在路寬 7 公尺以下，基地寬 3 公尺即可，但若以總樓地板面積 500 平方公尺以上，就需要一個停車位，也要有 3.5 公尺的車道。那 C 地，就有「瑕疵物擔保」的可能。

私設通路在 6 公尺以下，基地的總樓地板面積只能開發 1,000 平方公尺以下。

W 律師在聽完之後，講了一句令我印象深刻的話，他說：「處理土地開發物件，真的要像一位雕刻家，需要了解材料的特質，以及要擺放在何種環境下，然後才能夠大刀闊斧，細細雕琢，一氣呵成。」

看來，我今天是遇到，未來地產界的米開朗基羅了。

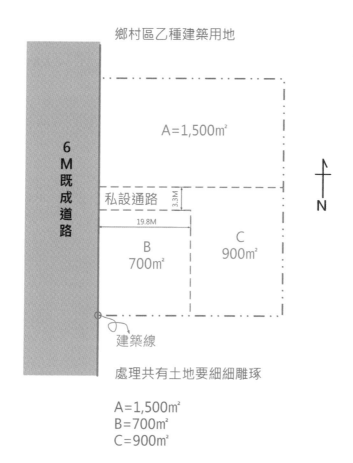

鄉村區乙種建築用地

A=1,500m²

6M既成道路

私設通路

3.3M

19.8M

B
700m²

C
900m²

建築線

處理共有土地要細細雕琢

N

A=1,500m²
B=700m²
C=900m²

圖 4-7

專案解析

・建築技術規則建築設計施工編第 59 條

　　建築物新建、改建、變更用途或增建部分，依都市計畫法令或都市計畫書之規定，設置停車空間。其未規定者，依下表規定。

類別	建築物用途	都市計畫內區域		都市計畫外區域	
		樓地板面積	設置標準	樓地板面積	設置標準
第一類	戲院、電影院、歌廳、國際觀光旅館、演藝場、集會堂、舞廳、夜總會、視聽伴唱遊藝場、遊藝場、酒家、展覽場、辦公室、金融業、市場、商場、餐廳、飲食店、店鋪、俱樂部、撞球場、理容業、公共浴室、旅遊及運輸業、攝影棚等類似用途建築物	300 平方公尺以下部分	免設	300 平方公尺以下部分	免設
		超過 300 平方公尺部分	每 150 平方公尺設置一輛	超過 300 平方公尺部分	每 250 平方公尺設置一輛
第二類	住宅、集合住宅等居住用途建築物	500 平方公尺以下部分	免設	500 平方公尺以下部分	免設
		超過 500 平方公尺部分	每 150 平方公尺設置一輛	超過 500 平方公尺部分	每 300 平方公尺設置一輛
第三類	旅館、招待所、博物館、科學館、歷史文物館、資料館、美術館、圖書館、陳列館、水族館、音樂廳、文康活動中心、醫院、殯儀館、體育設施、宗教設施、福利設施等類似用途建築物	500 平方公尺以下部分	免設	500 平方公尺以下部分	免設
		超過 500 平方公尺部分	每 200 平方公尺設置一輛	超過 500 平方公尺部分	每 350 平方公尺設置一輛
第四類	倉庫、學校、幼稚園、托兒所、車輛修配保管、補習班、屠宰場、工廠等類似用途建築物	500 平方公尺以下部分	免設	500 平方公尺以下部分	免設
		超過 500 平方公尺部分	每 250 平方公尺設置一輛	超過 500 平方公尺部分	每 350 平方公尺設置一輛
第五類	前四類以外建築物，由內政部視實際情形另定之				

　　說明：

一、表列總樓地板面積之計算，不包括室內停車空間面積、法定防空避難設備面積、騎樓或門廊、外廊等無牆壁之面積，及機械房、變電室、蓄水池、屋頂突出物等類似用途部分。

二、第二類所列停車空間之數量為最低設置標準，實施容積管制地區起造人得依實際需要增設至每一居住單位一輛。

三、同一幢建築物內供二類以上用途使用者，其設置標準分別依表列規定計算附設之，唯其免設部分應擇一適用。其中一類未達該設置標準時，應將各類樓地板面積合併計算依較高標準附設之。

四、國際觀光旅館應於基地地面層或法定空地上按其客房數每滿五十間設置一輛大客車停車位，每設置一輛大客車停車位減設表列規定之三輛停車位。

五、都市計畫內區域屬本表第一類或第三類用途之公有建築物，其建築基地達 1,500 平方公尺者，應按表列規定加倍附設停車空間。但符合下列情形之一者，得依其停車需求之分析結果附設停車空間：

1. 建築物交通影響評估報告經地方交通主管機關審查同意，且停車空間數量達表列規定以上。

2. 經各級都市計畫委員會或都市設計審議委員會審議同意。

六、依本表計算設置停車空間數量未達整數時，其零數應設置一輛。

> • 建築技術規則建築設計施工編第 61 條
>
> 　車道之寬度、坡度及曲線半徑應依下列規定：
>
> 一、車道之寬度：
>
> 1. 單車道寬度應為 3.5 公尺以上。
>
> 2. 雙車道寬度應為 5.5 公尺以上。
>
> 3. 停車位角度超過 60 度者，其停車位前方應留設深 6 公尺，寬 5 公尺以上之空間。
>
> 二、車道坡度不得超過 1：6，其表面應用粗面或其他不滑之材料。
>
> 三、車道之內側曲線半徑應為 5 公尺以上。

勿入死地

　　昨天與南臺灣新銳律師——同時也是本書作者之一——朱宏杰律師一同授課，探討袋地通行權以及拆屋還地……等相關議題，在法律上處理的方式。短短三個小時內，課程內容只能提綱挈領，但課後學員留下來討論超過一個小時，大家才意猶未盡地離開。

　　在我處理土地的經驗中，常常感觸「愈是看似普通的議題，愈是眾說紛紜」，或因為當事人道聽途說，以致一知半解。在他們意識中，形成了先入為主且似是而非、難以撼動的觀念。

　　在當今土地、建築法規的層層套疊下，又加上民事訴訟層層關卡，環環相扣。像袋地通行權及拆屋還地這類涉及行政法管制使用，及民法物權、債權的所有權分屬的案件，一定要有熟捻民事訴訟的律師把關控管；加上懂得土地建築的團隊，分析不同策略下，才能在法律訴訟上，步步為營，攻城掠地。

　　當然，在提出訴訟前，訴之聲明的條件設定以及是否要先指定建築線、申請建照等，在訴訟的沙盤推演，都占有至關重要的影響。

專案解析

　　本案面對的婆娑海洋，景色優美、風光瀲灩。一塊面寬約 7.3 公尺的都內土地，在買賣前也指定了建築線，土地亦無套繪其他使用執照。看似沒有任何會令其無法申請建築的條件。但其問題在於，由於指定建築線時，基地的左邊被指出了 4 公尺寬的建築線，以至於基地可被用於與建築線的寬度僅餘 3.3 公尺。在畸零地的檢討時，就成了畸零地，導致這將近六十年的土地無法申請建築。

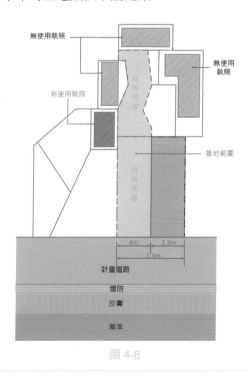

圖 4-8

　　嗣後，買方對賣方「瑕疵物擔保」之訴，又由於本案基地扣除現有巷道之後的面積及尺寸，又有 20 平方公尺以上，及 3×5 的尺寸，待基地周邊土地都興建之後，亦可逕行申請建築，不算「永」不可建築的基地，故訴說不成。

　　本案在打了袋地通行權勝訴之後，可以指定建築線，卻損害了本案基地的權益，若買方要提起訴訟真的很難，原因如下：

1. 因為有指定建築線，且符合最小基地，即使是畸零地，但「非」完全不能建築。

2. 現有巷道，是行政處分，而且是行政法規支撐的處分，提出行政訴訟要先證明「既成道路」不存在之訴訟。

3. 若要廢除現有巷道，要相關居民以及政府主管機關同意。

　　本案，最後是以「公有畸零地合併證明」，取得基地後邊的國有地後，才得以申請建築。但已耗費了五年的時間以及一群人的精神。

一宗複雜度爆表的土地（大法官349號解釋令）

上星期某課程中，有位學員問了一個問題：「若有一棟房子，沒有保存登記，占他人的地，是否一定可以告『拆屋還地』？」

這令我想起了一件六年前的案子。這是一件土地被侵占，但因為新地主的大肚量，放棄了對侵占的人提出訴訟，最後有了意想不到的結果。

這案子的複雜度，可能僅次於某明星的風花雪月。本案涉及了民法債權、物權，土地登記規則第 12 條、建築法、建築技術規則、畸零地自治條例、土地法第 34-1 條、市地重劃實施辦法……等，一言難盡，多如牛毛的法規。

我進場時，地已經買了，而且已經有太多悔不當初的決定。所以當我看到這個狀況時，也六神無主、七竅生煙。

今天討論的重點在於，A 基地若被 B 基地兩棟 2T 的房屋占用，占用部分沒有建物保存登記，A 基地可否要求 2T 將占用土地歸還 A 基地？

承購者是一位美目盼兮的女性建商，生於斯，長於斯。在縣市合併後，看好原本地處偏側，人口漸增的角落。她在購買 A 地時，也查過土地謄、手抄本，土地上沒有建物。查異動索引，也沒有任何有建物相關的交易。原地主表示，A 基地原來與 B、C 為同一筆地號，其上建物為光復後興建，土地與建物，皆是他的祖父過世後，才分割成三份。他是從他父親繼承而得其中一份。

在買賣土地的過程，原地主願意在一定的時間內，協調他

的親戚們拆除占用部分，否則占用面積不計價，購買方也接受這樣子條件。然而，殘念，作戰失敗。最後原地主將被占用地面積扣除、減價，將謄本上的面積，全數賣給承購者。

承購者接手後，為了開發也用盡心思，費盡唇舌地與占用者溝通。但秀才總是遇到兵，這不是言語起得了作用的。承購者也找了律師評估，依法律途徑處理。其利基點在於，占用建物為沒有物權的建物。不屬於土地登記規則第 12 條所定之「建築改良物」。所以，要告對方侵占土地，而非「拆屋還地」。

但我持不同看法。雖然它不屬於土地登記規則第 12 條之「建築改良物」，但卻符合民法 66 條的「定著物」。這土地建物分割取得的方式，很像「分管」。又當時原地主無法協調拆屋，一定有其原因。

再經二次的接觸後，對方拿出了一張「分管契約」，且經公證。也就是 ABC 土地是由「共有分管」的債權關係，依此分割變成物權。也即是 A、B、C 原為一筆土地時，已經有「分管專用」的事實，其建物也是一樣。

大法官釋令第 349 號，要意如下：「共有人於與其他共有人訂立共有物分割或分管之特約後，縱將其應有部分讓與第三人，其分割或分管契約，對於受讓人仍繼續存在。」

也就是，只要曾經用民法 425 條的邏輯下，所建構的「分管契約」，就有對抗新承購者的效力。

新地主最後不走法律途徑了。前思後想，既然如此，另闢途徑來解決。

這個案子在二年半後，因為市地重劃，新地主又多了好幾十坪的地。

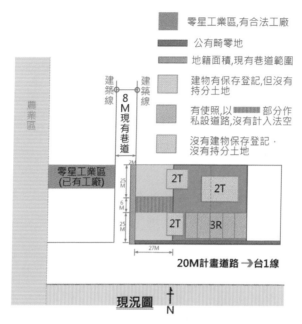

圖 4-9

建築線退縮=56*2=112㎡

供BC地做私設通路=6*27=162㎡

鄰房占用面積=13*3.5+13*3.8=94.9㎡

274㎡=82.88坪

27*56=1,512㎡=457.38坪

又配合市地重劃實施辦法#28

一塊困難度爆表的土地之「私設通路篇」（大法官釋字第776號）

　　續上篇，在面對完「分管」以及大法官 349 號解釋令後。當時我看地籍圖上有一條細細（土地），心想，這可能又是個地雷，搞不好會讓這個案子命懸一線。

　　B、C 地上有五棟建築，皆是有使用執照的二層樓透天，且歸同一家族所有。當我到現場勘察時，因為前方有公有畸零地，我直覺這幾棟透天，應該不會以前面的畸零地指示建築線。因此調了資料，果然紙包不住火，當時 B、C 土地，可能不想買前面的公有畸零地，所以用 A 基地的部分土地，當作「私設通路」，申請建築執照。

　　如此，A 基地便有一部分的土地被 B、C 地「套」住了。只要這五棟建築物存在，A 基地就不能完全使用，受制於人，這是一塊有瑕疵的地。當新的地主了解真相後，她表示這是除了地球暖化之外，她最不願意面對的真相了。

　　新的地主一直抱怨，她有查了地籍圖、手抄本、異動索引、歷年來的空照圖，以及請建築師去翻了建管單位的套繪資料，都看不出這塊地上，有私設通路的痕跡或事實。為何，她每次面對土地做錯時，都錯得千真萬確；做對的時候，卻都搞得岌岌可危。

　　沒錯，這個條件下的私設通路，真的沒有辦法在地政、都發，甚至是建管系統的資料中找得到。困難的是，這條私設通路沒有分割，所以沒有辦法在資料當中判讀；而幸運的是，因為這條私設通路沒有分割，前方又有「公有畸零地」，所以還有解。

　　私設通路的態樣，大概僅次於德國香腸的種類，包羅萬象，無法一概而論。

　　但有沒有分割出來，這件事情有很大的差別。有沒有涉及共管、分管、地役權，或者計入法定空地，這都有很大的差別。去年，大法官釋字第 776 號，終於可以解除這一部分的箝

制了，但在民事上好像還沒有判例。所以各位高手，在遇到這樣的狀況時，一定要分清楚。

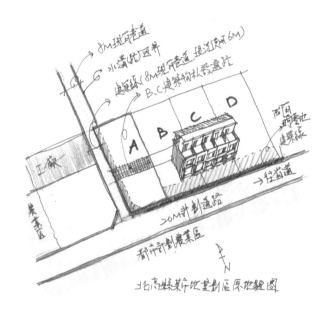

圖 4-10

買錯地，只好吃憂鬱症的藥了

某市的優質建設品牌，以做小型精品集合住宅聞名。作品創新，空間雅緻，在業界有一定的粉絲。

前幾年，他們相中了一塊鬧中取靜，可在大城中彈小調，四周生活便利，出入四通八達。又在舊城區的文教區旁，若做住宅，可以暫離塵俗庸擾。而且，在這裡擁有一張門牌，也是當地的仕紳心之所向。

建設公司開發部主管，是地產界老手，善於整合土地，創

造加值。他先將 B 地買下，因為 B 地的地主，與 5 公尺私設通路，是屬同一個人。確定了出入沒問題之後，才去與 A 地（已有建築物）洽商。依法定空地分割的手法，將 A 地尚未建築的法定空地分割出來，成為 AB 地，再與 B 地合併。如此，成為一塊四方完整的基地，這過程精彩絕倫，令人拍案叫絕。

但，叫絕之後，換建設公司老闆叫救命了。因為，這 5 公尺的私設通路，原是供旁邊的七樓華廈，申請建築使用。而且，總樓地板面積，為 981 平方公尺。

當他們聊到，面積為 981 平方公尺的時候，我請他們停下來。他們也說：「是的，就是這個問題，而且好像是個『死結』，所以，才來找您。」（我心想，太好了，又是「死結」才來找我。天啊！人生已經苦短了，我可不可以面對一些比較好處理的案子啊！）

我問了幾個問題：

1. 「法定空地分割前，一定要指定建築線，本案是以 5 公尺私設通路，指定建築線的嗎？」是的。

2. 「5 公尺私設通路，應該沒有計入七樓華廈的法空吧！」是的。

3. 「所以你們一定沒去查，七樓華廈的總容積樓地板面積吧！」是的，因為不曉得有 1,000 平方公尺的限制。

阿娘喂，救人喔！這裡的地一坪至少 60 萬，100 坪 6,000 萬，就卡在那裡了。我若是資方，大概要每天接受高劑量的抗憂鬱治療了。

5 公尺的私設通路，可用的總容積樓地板面積在 1,000 平方公尺以下，這在建築技術規則中早有明定。但在開發中的過程，常常成為陷阱，請各位不要再誤踩地雷。

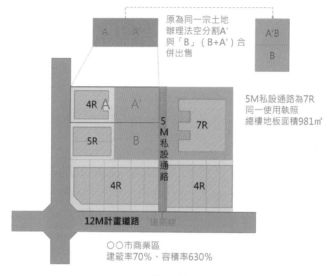

原為同一宗土地
辦理法空分割A′
與「B」(B+A′)合
併出售

5M私設通路為7R
同一使用執照
總樓地板面積981㎡

4R A　A′

5R　B

5M私設通路

7R

4R　4R

12M計畫道路　建築線

○○市商業區
建蔽率70%、容積率630%

圖 4-11

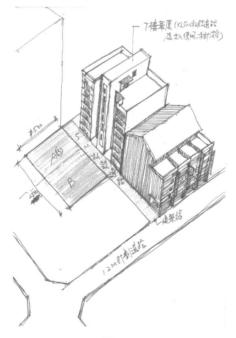

圖 4-12

專案解析

　　私設通路在建設開發上所衍生出的問題，真的「多如牛毛」，到了「罄竹難書」的境界了。換言之，只要有土地開發的過程，遇到私設通路相關的問題，一定要找當地的建築師，就當地的建築管理自治條例，以及建築技術規則，徹底檢討一番，才能明哲保身。

　　私設通路的寬度，涉及了建築物「面前道路」的寬度，而面前道路的寬度又關係「特定建築」、建築物高度：是否可以成為供公眾建築，以及總樓地板的面積等問題。這在建築技術規則中第二章第 2 條、第 14 條後項、第 117 條、第 118 條及實施區域計畫地區建築管理辦法第 11 條中皆有載明。

　　私設通路 6 公尺以上，才能有 1,000 平方公尺以上的總樓地板面積，在民國 105 年 7 月以前是明文存在的開發限制，但在現今，不同的地方政府又有不同的執法標準。倘若讀者遇到相關問題，一定要向政府單位諮詢清楚，因為，有些地方私設通路的規定，是載明在建管自治條例中。

相關法規

・建築技術規則第 2 條

一、（私設通路之寬度）基地應與建築線相連接，其連接部分之最小長度應在 2 公尺以上。基地內私設通路之寬度不得小於下列標準：

1. 長度未滿 10 公尺者為 2 公尺。

2. 長度在 10 公尺以上未滿 20 公尺者為 3 公尺。

3. 長度大於 20 公尺為 5 公尺。

4. 基地內以私設通路為進出道路之建築物總樓地板面積合計在 1,000 平方公尺以上者，通路寬度為 6 公尺。

5. 前款私設通路為連通建築線，得穿越同一基地建築物之地面層；穿越之深度不得超過 15 公尺；該部分淨寬應依前 4 款規定，淨高至少 3 公尺，且不得小於法定騎樓之高度。

二、前項通路長度，自建築線起算計量至建築物最遠一處之出入口或共同入口。

• 建築技術規則第 14 條後項

一、（面前道路寬度與建築物之高度限制）建築物高度不得超過基地面前道路寬度之 1.5 倍加 6 公尺。面前道路寬度之計算，依下列規定：

1. 道路邊指定有牆面線者，計至牆面線。

2. 基地臨接計畫圓環，以交會於圓環之最寬道路視為面前道路；基地他側同時臨接道路，其高度限制並應依本編第 16 條規定。

3. 基地以私設通路連接建築線，並作為主要進出道路者，以該私設通路視為面前道路。但私設通路寬度大於其連接道路寬度，應以該道路寬度，視為基地之面前道路。

4. 臨接建築線之基地內留設有私設通路者，適用本編第 16 條第 1 款規定，其餘部分適用本條第 3 款規定。

5. 基地面前道路中間夾有綠帶或河川，以該綠帶或河川兩側道路寬度之和，視為基地之面前道路，且以該基地直接臨接一側道路寬度之 2 倍為限。

二、前項基地面前道路之寬度未達 7 公尺者，以該道路中心線深進 3.5 公尺範圍內，建築物之高度不得超過 9 公尺。

三、特定建築物面前道路寬度之計算，適用本條之規定。

• 建築技術規則第 117 條

本章之適用範圍依下列規定：

1. 戲院、電影院、歌廳、演藝場、電視播送室、電影攝影場、及樓地板面積超過 200 平方公尺之集會堂。

2. 夜總會、舞廳、室內兒童樂園、遊藝場及酒家、酒吧等，供其使用樓地板面積之和超過 200 平方公尺者。

3. 商場（包括超級市場、店鋪）、市場、餐廳（包括飲食店、咖啡館）等，供其使用樓地板面積之和超過 200 平方公尺者。但在避難層之店鋪，飲食店以防火牆區劃分開，且可直接通達道路或私設通路者，其樓地板面積免合併計算。

4. 旅館、設有病房之醫院、兒童福利設施、公共浴室等、供其使用樓地板面積之和超過 200 平方公尺者。

5. 學校。

6. 博物館、圖書館、美術館、展覽場、陳列館、體育館（附屬於學校者除外）、保齡球館、溜冰場、室內游泳池等，供其使用樓地板面積之和超過 200 平方公尺者。

7. 工廠類，其作業廠房之樓地板面積之和超過 50 平方公尺或總樓地板面積超過 70 平方公尺者。

8. 車庫、車輛修理場所、洗車場、汽車站房、汽車商場（限於在同一建築物內有停車場者）等。

9. 倉庫、批發市場、貨物輸配所等，供其使用樓地板面積之和超過 150 平方公尺者。

10. 汽車加油站、危險物貯藏庫及其處理場。

11. 總樓地板面積超過 1,000 平方公尺之政府機關及公私團體辦公廳。

12. 屠宰場、污物處理場、殯儀館等，供其使用樓地板面積之和超過 200 平方公尺者。

- 建築技術規則第 118 條

一、前條建築物之面前道路寬度，除本編第 121 條及第 129 條另有規定者外，應依下列規定。基地臨接二條以上道路，供特定建築物使用之主要出入口應臨接合於本章規定寬度之道路：

1. 集會堂、戲院、電影院、酒家、夜總會、歌廳、舞廳、酒吧、加油站、汽車站房、汽車商場、批發市場等建築物，應臨接寬 12 公尺以上之道路。

2. 其他建築物應臨接寬 8 公尺以上之道路。但前款用途以外之建築物臨接之面前道路寬度不合本章規定者，得按規定寬度自建築線退縮後建築。退縮地不得計入法定空地面積，且不得於退縮地內建造圍牆、排水明溝及其他雜項工作物。

3. 建築基地未臨接道路，且供第 1 款用途以外之建築物使用者，得以私設通路連接道路，該道路及私設通路寬度均合於本條之規定者，該私設通路視為該建築基地之面前道路，且私設通路所占面積不得計入法定空地面積。

二、前項面前道路寬度，經直轄市、縣（市）政府審查同意
　　者，得不受前項、本編第 121 條及第 129 條之限制。

• 實施區域計畫地區建築管理辦法第 11 條

一、建築基地臨接公路者，其建築物與公路間之距離，應依
　　公路法及其有關法規辦理，並應經當地主管建築機關指
　　定（示）建築線；臨接其他道路其寬度在 6 公尺以下者，
　　應自道路中心線退讓 3 公尺以上建築，臨接道路寬度在
　　6 公尺以上者，仍應保持原有寬度，免再退讓。

二、建築基地以私設通路連接道路者，其通路寬度不得小於
　　下列標準：

1. 長度未滿 10 公尺者為 2 公尺。

2. 長度在 10 公尺以上未滿 20 公尺者為 3 公尺。

3. 長度大於 20 公尺者為 5 公尺。

4. 基地內以私設通路為進出道路之建築物總樓地板面積合計
　　在 1,000 平方公尺以上者，通路寬度為 6 公尺。

豬羊變色

　　4 公尺人行步道，供人通行，不供車輛穿越，所以在開發
上有一些限制。

　　業主是一個具開發常識及能力的富二代。當他把土地交給
我規畫時，也明白 4 公尺人行步道的限制──建築技術規則第
59 條的限制。如此條件下，這塊土地也只能規畫為透天厝。

　　當我到現場勘察時，發現旁邊還有一條「類」既成道路。
隨即返回事務所，做了一些調案，以及清查地籍資料。確定這

條路符合大法官 400 號解釋令，「公用地役關係」的條件。換句話說，它就是個「既成道路」。

之後與業主討論，若可以將這「既成道路」，依建築法第 48 條指定建築線，成爲「現有巷道」；如此，這案子將會豬羊變色。依照基本容積率，加上危老條例。本案的設計，就會變成七樓華廈，而不是三層樓半的透天厝了。而且，建築可以完全面向現有巷道的綠地配置。

因爲現有巷道爲 6 公尺，又變爲雙面臨路，再退 2 公尺（可計入法定空地），即可以做補習班、商店，這類相關的「特定建築」，整塊基地的價值馬上增加。

但生命總是困難重重，因爲這個地方是區段徵收區，是免指定建築線的地區。所以當地的承辦不接受我們再指定建築線的申請。經過兩次的溝通，依然無效。

如此，我們寫公文，與官方打了一場筆仗。經過一番激戰，高潮迭起，最後官方單位核准 6 公尺現有巷道的建築線。

建築開發中，一定要努力去發掘一塊地的價值，以及讓他發揮最好的力量的設計。臺灣的法令不清，導致公務人員執法不明，但這就是我們的環境。唯有堅持做對的事情，對的事情才會出現。

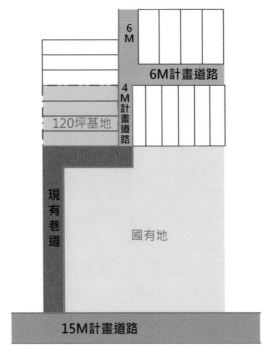

圖 4-13

專案解析

　　在全臺都市計畫中，4公尺計畫道路大概皆可兼做「人行步道」。所以各位，當開發基地在4公尺計畫道路旁時，第一步確定的即是：「在細部計畫中，道路系統是否爲人行步道。」

　　在90年時，內政部有針對都市計畫「人行步道」做出定義：「係規畫供行人徒步使用之道路用地，不得作爲停車空間車道出入口使用。」也即是，在面臨人行步道的基地，不能夠有停車位的設計。所以發現，一基地的停車位檢討面積，

不得超過土地使用管制，或建築技術規則的面積（一般而言，最大不能大於 500 平方公尺）。

因此，在面臨 4 公尺的基地，大概只能做透天厝的建築，而且樓地板面積，不要小於法規規定的停車位檢討面積。所以，這類基地的地價，在市場上低於其應有的市價。

本案因為基地旁已經有一條自然形成的既成道路，又有公所、市政府、自來水等公共設施的施作及維管，其現況路寬又達 6 公尺，所以已經努力指出建築線，使得本基地有優於原本假設的開發條件，當然也為開發者帶來了新的契機。

內政部 **93.2.27** 台內營字第 **0930003359** 號

說明：

查本部 90 年 2 月 6 日台 90 內營第 9082373 號函（如附件一）送本部 89 年 11 月 20 日會議結論（一）有關「都市計畫『人行步道』係規畫供行人徒步使用之道路用地，除都市計畫書、圖另有規定外，不得行駛汽車乙節，尚無限制建築基地一側鄰接人行步道不得核發建築執照。惟『人行步道』用地不得作為停車空間車道出入口使用，請直轄市、縣（市）政府審查建築執照實應遵照辦理」之意旨，係指「人行步道」用地不得作為停車空間車道出入口使用。至其「穿越」之情形，涉屬事實認定，請依上開函釋規定，本於權責辦理。

地產界的狙擊手

今年中秋，H 先生拿了一瓶價值不菲的紅酒來拜訪我。我們兩個相視而笑，我問他：「去年初你所要買的地，買到了嗎？」他說：「一切照建築師您的規畫，買到了！成交了！」

H 先生很喜歡單獨行動。所以，結婚了，但是現在是單身；開著二人座的皮卡；也沒有助理隨身。雖然現在已經身價不菲，卻保持著令人羨慕的孤獨。

他是職業軍人退伍。他的朋友說，在軍中 H 先生是狙擊手。軍旅生涯結束後，從房仲開始，考上了不動產營業員，也考上代書，之後慢慢的，做土地開發，成了建商開始蓋房子。

他的朋友又說：「H 先生是個怪人，總是喜歡獨自行動，但是成交率很高，也不張揚。一路以來，手法善於安排、計畫，營造、布置成交的氛圍。不斷的推敲客戶的想法、環境參數，總是在他想像的套路下出手，擊發板機。」

去年初他來找我時，他所開發的建案已經拿到建築執照，但尚未開工。因為他想要買下，圖 4-14 中藍色部分的那一塊地。一旦這個建案完成且銷售之後，即便他買到藍色這塊地，也被紅色這地擋住了，沒有辦法開發。

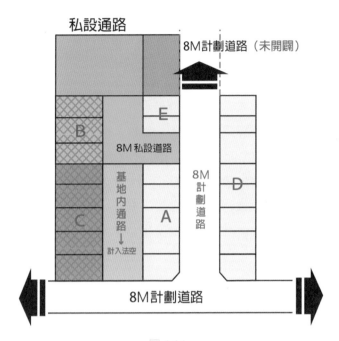

圖 4-14

　　而這塊地已經申請到建築執照，因為是與地主合建分售，所以有開發時程上的壓力，以及獲利的考量，沒辦法停下來等買到藍色那塊地之後，再重新做設計。

　　他的建築師所提出來的答案，他都不滿意。經朋友介紹找到我，而我給了以下建議。即是把「私設通路」、「基地內通路」，以及「類似通路」的規定釐清後，再重新植入原來的設計，就解開了以上的問題。

　　這次見面時，我恭喜他成交了。而他說：「做地產的人，只要把上面那三條『通路』的定義搞清楚，又學會使用。不用『貨出去，人進來』，就會發大財了。」

他真的是狙擊手，永遠在把環境搞清楚，然後在對的時間，以設定的條件下，出手、扣板機、獲取獵物。

專案解析

在專業的建設界，有一群低調、謙虛、認真，並以法規的運作，而找到專業利基的人。這群人令人欽佩，也可以從他們身上學到很多面對土地開發的不同觀點。

在以往大基地的開發行為中，尤其是面對透天厝，或是多棟多戶的建築專案，如何留設「基地內的路」，以及這路的位階定義，絕對是一項智慧，更是多筆土地的合縱連橫之術。

私設通路，原則上是不計入法定空地；如本案的私設通路，原本是「基地內通路」，而基地內通路，是必須要計入法定空地。

所以，將「基地內通路」變更成「私設通路」的關鍵思考，即在：法定空地是否被計入各戶。換言之，若計入法定空地，將被建築法「強制」規定被每一戶所擁有。若日後法定空地要有任何的使用，或調整，將需要每一戶同意行之。

變成了設計入法定空地的私設通路，所有權還是 H 先生的，在開發原土地後，又有機會開發袋地（下地），保有一顆活棋。

相關法規

• 建築技術規則第 2 條

一、基地應與建築線相連接，其連接部分之最小長度應在 2
　　公尺以上。基地內私設通路之寬度不得小於下列標準：

1. 長度未滿 10 公尺者爲 2 公尺。

2. 長度在 10 公尺以上未滿 20 公尺者爲 3 公尺。

3. 長度大於 20 公尺爲 5 公尺。

4. 基地內以私設通路爲進出道路之建築物總樓地板面積合計在 1,000 平方公尺以上者，通路寬度爲 6 公尺。

5. 前款私設通路爲連通建築線，得穿越同一基地建築物之地面層；穿越之深度不得超過 15 公尺；該部分淨寬並應依前 4 款規定，淨高至少 3 公尺，且不得小於法定騎樓之高度。

二、前項通路長度，自建築線起算計量至建築物最遠一處之出入口或共同入口。

• 建築技術規則第 2-1 條

私設通路長度自建築線起算未超過 35 公尺部分，得計入法定空地面積。

• 建築技術規則第 16 條

基地臨接二條以上道路，其高度限制如下：

1. 基地臨接最寬道路境界線深進其路寬 2 倍且未逾 30 公尺範圍內之部分，以最寬道路視爲面前道路。

2. 前款範圍外之基地，以其他道路中心線各深進 10 公尺範圍內，自次寬道路境界線深進其路寬 2 倍且未逾 30 公尺，以次寬道路視爲面前道路，並依此類推。

3. 前 2 款範圍外之基地，以最寬道路視爲面前道路。

不懂建築線，袋地通行權是多餘的

Ch 律師為人俠氣，所以為他的案子，每每忙得焦頭爛額。

一年前，有日他與他的業主 L 先生與我碰面，講述了一段「袋地通行權」的故事。這種故事，除了主角是新的之外，其他劇情、橋段大概都是舊的。

A、B、C 地主原是舊識，但為了土地開發的利益，B、C 地主告 A 地主「袋地通行權」。現在已經反目成仇，不共戴天。故事結束。

Ch 律師說：「我這部分結束了，L 先生想了解，袋地通行權的範圍是否一定會在 B、C 地，申請建築建照時，成為私設通路。」

我的回答是：

1. 這袋地通行權，就我方是被告，基本上很難躲得掉，真的辛苦 Ch 律師了（做一下場面給 Ch 律師）。

2. 依 101 年相關建管解釋令，袋地通行權判決，一定等於「私設通路」。

他們聽後，一個烏雲罩頂、一個愁雲慘霧，會議室裡像是要下雨了。

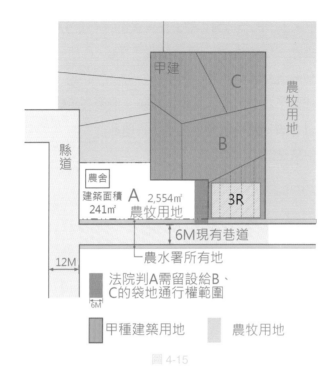

圖 4-15

　　然而，慢慢地看他們帶來的書面資料，發現以下幾個現況：

1. A 地下方有水利溝，「袋地通行權」範圍並沒有臨建築線。

2. A 地的「耕地」面積爲 2,554 平方公尺；農舍的建築面積爲 241 平方公尺。

　　就這個案子而言，我又回答：

1. A 地下方並沒有連接建築線，所以只要你（所有權人）不去辦「架橋通行」，他們也無法指定建築線。

2. A 地若扣掉「袋地通行」範圍面積，就不符合農舍建築面積，不能超過農地的十分之一的面積。建管單位不可能因爲民事判決，要求 A 地農舍「辦理變更使用」或撤銷使用執照。

綜上，本案的袋地通行權，民事官司的判決等於是多餘的。

後來在一場晚宴中，Ch 律師說：「B、C 地的建築線一直指不出來。聽說請來了滿天神佛，也尚無結果。」

這種案子看似困難，其實不複雜。但若在訴訟前，沒把建築線以及私設通路搞清楚，打了「袋地通行」的官司，可能還是無法申請建築。

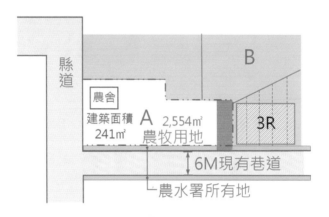

圖 4-16

專案解析

一般而言，建地打袋地通行權的訴訟，是為了要能以被告袋地通行的範圍，供原告的建地在申請建造執照時使用，作為私設通路。

在內政部營建署函 101.11.02 營署建管字第 1012924966 號函，也支撐了以上的訴訟，有關法院袋地通行權的判決，得作為私設通路之土地權利證明的文件。

　　是「得作爲私設通路」，這只是建管秩序中的一小部分。
要作私設通路，在建築管理上，尚有許多行政程序需要面對
的。如：

1. 袋地通行權的寬度，是否符合建築技術規則？
2. 有了袋地通行權，該如何申請建築線？
3. 若袋地通行權範圍是他案的法定空地，該如何處理？

　　以上三項爲市場在取得袋地通行權之後，尚需要面對的
三大問題。另外還有，袋地通行權範圍在河川區的問題、在
地址敏感區上的問題、導致被原基地非農地的問題……林林
總總。

　　所以，若非以終爲始，在每一個建管行政步驟上仔細安
排，打贏了袋地通行權，可能會白忙一場。

內政部營建署函 101.11.02 營署建管字第 1012924966 號函
說明：

1. 復貴府 101 年 9 月 19 日府商建字第 1010188100 號函。
2. 有關私設通路留設之規定，建築技術規則建築設計施工
   編第 2 條定有明文。另查貴縣建築管理自治條例第 8 條第
   2 項規定：「建築基地以私設通路連接建築線者，應檢附
   該私設通路之土地權利證明文件。……」本案有關法院袋
   地通行權之判決，如經查明該袋地通行權之範圍，符合前
   開建築技術規則建築設計施工編第 2 條私設通路之寬度規
   定，得作爲私設通路之土地權利證明文件。

3. 建築法第 26 條規定：「直轄市、縣（市）（局）主管建築機關依本法規定核發之執照，僅為對申請建造、使用或拆除之許可。建築物起造人、或設計人、或監造人、或承造人，如有侵害他人財產，或肇致危險或傷害他人時，應視其情形，分別依法負其責任。」又民法第 787 條及第 779 條第 4 項規定：「土地因與公路無適宜之聯絡，致不能為通常使用時，除因土地所有人之任意行為所生者外，土地所有人得通行周圍地以至公路。前項情形，有通行權人應於通行必要之範圍內，擇其周圍地損害最少之處所及方法為之；對於通行地因此所受之損害，並應支付償金。第 779 條第 4 項規定，於前項情形準用之。」、「第一項但書之情形，鄰地所有人有異議時，有通過權之人或異議人得請求法院以判決定之。」至申請人是否已履行「對於通行地因此所受之損害，並應支付償金」之義務乙節，因涉關私權，如有爭議，宜請其遁循司法途徑解決。

第5章

案例解析

不要放棄希望

　　這是我少數遇到簡單且順利的案子。

　　張大哥及張二哥是兄弟。張大哥在螺絲廠任職組長，個性通情達理，持有分割後的 B 地。張二哥是公務員，個性嚴謹，持有分割後的 A 地。他們兄友弟恭，相處融洽。兄弟倆經友人介紹，想找我來解決共有物分割後，B 地為畸零地的問題。

　　A、B 土地原為一宗面臨現況 18 公尺的省道。在分割時，以面寬各 5.5 公尺為原則。大哥讓二哥先選，二哥選了 A 地。在要新建房屋、指定建築線時，才發覺這裡的省道寬度為 30 公尺寬。指定建築線後，B 地就變成了畸零地。

特定農業區甲種建築用地
A+B+C原分割圖

共有地分割線

C

A　　B

3R

19.5
M

建築線

二哥

畸零地
(大哥)

7.5
M

5.5　5.5

30M
公告道路寬度

18M
現況

圖 5-1

　　這案子，我建議重新合併分割。但因為建築線的關係，導致基地「深度」不足，無論如何做分割，一定有一塊是畸零地。這種案子真的難得！若是現在要蓋房子，又只能將二筆土地視為一宗來處理。但這樣就失去了二位要分家的原意了。

　　於是與張家兄弟約了到現場勘查。到了 C 地他們堂哥家，言談間得知，堂哥也有二位兒子。但由於 C 地地形崎嶇，只能蓋一間透天厝，其他地空著，怎麼分都不對。於是我建議：「可以辦理法定空地分割，將 C 地的法空與 A、B 再重新合併分割，如此也許可以解決三個人的困難。」

　　堂哥說：「我問過代書了，分割出來的土地不能是畸零地。但我的土地，分割後是畸零地，所以不行。」

　　我回：「只要 A、B 地出合併同意書，再做檢討就可以。」

　　於是，事情就成了（如圖 5-2）。這是我少數遇到簡單且又順利的案子。我好渴望常常有這種案子可以接，但是人生不如意事，十之八九，我看來好像沒這個命，但是還是不要放棄希望。就像張家兩兄弟一樣，他們沒有放棄希望，才找到答案。

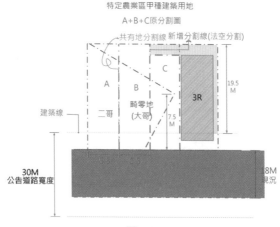

圖 5-2

專案解析

　　省道分布在臺灣各地，尤其是在經過非都市地區的建築用地時，容易遇到與本案類似的情況。

　　這原因是因為在原編時的都外建築用地，是依現況編定；而在區域計畫發布前的「建築基地」，通常是臨路（小路、農路、水路、田埂路……），即依人口聚集而興建建築，其基地地界都是崎嶇歪斜，或是因地制宜，順山勢與水流而成。即便是日本時代，也有經地方保證協議調整成方正地界以利耕作的良田，在公路的開闢下，而被橫切斜割的，使得地界歪曲扭斜。這常使得都外建築用地地界間犬牙交錯，臨路條件也是奇形怪狀。

　　以上的形狀，容易造成「地形」上的畸零地。這通常在原舊有建物拆除重建時，才會發覺此問題。尤其是基地臨「公路」旁的，更需要注意以及求證，是否會因為「公路計畫」，路寬有增、減的情況，導致基地變成畸零地（路寬增）或者未臨建築線（路寬減）。

　　建築線是在土地開發利用時至關重要的條件，甚至可說，該建築基地是否可以使用，或是一塊土地在容積上增加量，都是建築線定義的開始。

相關法規

• 建築基地法定空地分割辦法第 3 條

　　建築基地之法定空地併同建築物之分割，非於分割後合於下列各款規定者不得為之。

1. 每一建築基地之法定空地與建築物所占地面應相連接，連接部分寬度不得小於 2 公尺。
2. 每一建築基地之建蔽率應合於規定。但本辦法發布前已領建造執照，或已提出申請而於本辦法發布後方領得建造執照者，不在此限。
3. 每一建築基地均應連接建築線並得以單獨申請建築。
4. 每一建築基地之建築物應具獨立之出入口。

• 建築基地法定空地分割辦法第 4 條

建築基地空地面積超過依法應保留之法定空地面積者，其超出部分之分割，應以分割後能單獨建築使用或已與其鄰地成立協議調整地形或合併建築使用者為限。

另請參酌各地方政府畸零地自治條例，基地長寬的尺寸規定。

土地會跟著懂「它」的人

一塊空閒土地 A 地，30.5 坪，位於高雄市精華地區。其後方的國宅區，人口密集、自成聚落，至少住了 3.5 萬人。在政治版圖上，這裡每次選舉票數，至少可以拱出一位議員，是選舉攻防的重要堡壘。

國宅區居民，每日皆要以 B 地作為工作及就學通路（是既成道路）。A 地的左邊是地區市場；二年前，A 地前方土地又成為夜市攤販聚集地。所以每日在 A 地周邊打轉的人，熙來攘往、交通車水馬龍，商機無限。

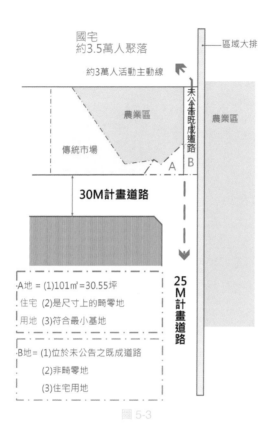

圖 5-3

　　在這之前，A 地就像未整建前的「新竹棒球場」，是個荒廢空地，地上還有很多小石子。

　　C 先生是一位經驗老到的土地從業人員。他納悶爲何 A 地被投閒置散，也猜想應該是「畸零地」。經過仔細評估，果不其然，是「尺寸」上的畸零地。

　　經過比對都市計畫圖，發現 A 地「後方」爲農業區。雖然 A 地「在尺寸」上是「畸零地」，但後方是農業區可以不受畸零地的管制。所以，A 地就不是畸零地，可以申請建築。

於是 C 先生用非常甜的價格，將 A 地租下來，申請建築，出租獲利（建築物還沒蓋好，已經租出去了）。非常精彩深刻的土地活用案例。

土地真的會跟著懂「它」的人。

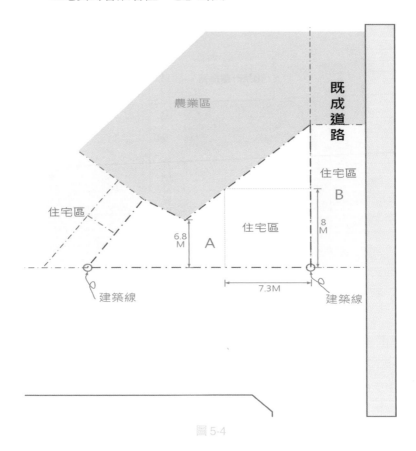

圖 5-4

圖 5-5

專案解析

　　畸零地的判定，看似簡單，但卻是極其複雜。有以下參數需要交叉比對：

1. 建築線一定要定出其位置。

2. 基地尺寸。

3. 土地分割的時間點。

4. 鄰房是否興建完成。

5. 不同土地使用分區的牽制。

6. 崎嶇地形的角度。

7. 裡地。

若將這種因素完成交雜考慮，就有至少 49 種態樣的可能性。若有加上臺灣各地方政府自治條例不同的規定，又會產生令人難以理解的衍生，紛亂的像法國的起士種類一般，甚至連專業人員皆無法一目了然。

本案基地位於繁華且人口眾多的都市聚落，人聲鼎沸的市場旁。常年來因爲沒人有機會好好地對這一基地，做法規上嚴謹的分析，以至於街巷鄰里口耳相傳，這是一塊畸零地。所以常常有違法占用，或是違法使用的情事，地主及政府相關單位，也不勝其擾。

在當地民代及 C 先生的熱心下，我們一起以法規來面對令當地人隱隱作痛的閒置地，也實踐了土地開發是可以推動民眾福祉的信念。

相關法規

• 建築法第 46 條

直轄市、縣（市）主管建築機關應依照前 2 條規定，並視當地實際情形，訂定畸零地使用規則，報經內政部核定後發布實施。

• 各地方政府畸零地使用自治條例（以「高雄市」爲例）

第 2 條

本自治條例之主管機關爲本府工務局。

第 6 條

本自治條例附表一及附表二所規定之建築基地，寬度每增加 10 公分，其深度得減少 20 公分。但調整後之深度不得小於 8 公尺。前項應留設騎樓地區及依法應退縮建築之基地，其深度減騎樓地或退縮地深度之差不得小於 6 公尺。

第 7 條

　　畸零地非經補足最小寬度、深度，不得建築。但合於下列情形之一者，不在此限：

1. 鄰接地為道路、溝渠、軍事設施、公共設施用地或因使用分區、用地類別、地形上之障礙致無法合併使用，且申請基地符合最小建築基地規模。

2. 鄰接土地業已建築完成，致無法合併建築使用，且申請基地符合最小建築基地規模。

3. 袋形基地。

4. 其他經本府建築技術諮詢小組同意。

5. 前項袋形基地認定辦法，由主管機關另定之。

　　第 1 項第 2 款所稱鄰地業已建築完成，指鄰地有下列建築物之一者。但車棚、花棚、圍牆及其他類似構造之簡易工作物、應拆除之新違章建築與傾頹或朽壞之建築物，不屬之：

1. 都市計畫發布前或實施都市計畫以外地區建築物管理辦法施行前已建築完成之建築物。

2. 領有使用執照之建築物。

3. 於建築法中華民國 60 年 12 月 23 日修正公布施行前領有建造執照之二層樓建築物。

土地夠大並不代表一定可以建築

L 先生買了一塊工業地，145 坪。經建築師們檢討，這是塊畸零地。再經友人介紹，請我解題。我說：「在尺寸上，這是毋庸置疑的畸零地。」其他建築師講的沒錯。

L 先生說：「我真的很難相信，145 坪的地會是畸零地。這個國家法律真的有問題，會官逼民反的。」

我請 L 先生提供「舊簿」，看可不可以從土地的「分割時間」，找到反證。因為若 A 地在條例成立之前就存在，那就不是畸零地規定的射程範圍內，本案就有解。

很幸運的，A 地的分割時間是在法規成立之前。所以 A 地不是畸零地。

但不幸的是，又發現另外一個致命的「癌細胞」。

這裡的都市計畫區，「土地使用管制規則」規定，建築物要有以下退縮規定：

1. 前院退 6 公尺。
2. 後院退 4 公尺。
3. 側院各退 1.5 公尺。

也就是套加了「土管」的規定，這棟工廠建築的寬度，前面大概只有 3.8 公尺，空間最小處可能不足 2 公尺，後面才有 8 公尺寬的使用空間，完全不合乎結構安全以及使用行為。

若購地之前，沒有詳細的檢討當地土地法規管制，有些時候「神仙難救無命客」。土地夠大，並不代表一定可以建築。

本案最大的彩蛋，各位好好看一下 B、C 地為何如此分割及存在。看得懂，畸零地的議題就「出師」了。各位加油！

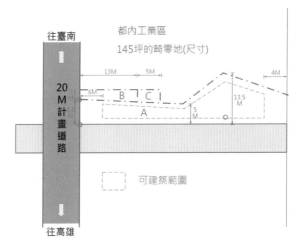

圖 5-6

專案解析

在文中提到的，若工業用地在民國 82 年 4 月 30 日前，經地政機關完成分割登記者，於符合以下規定之最小寬度、深度時，得准予建築。（以高雄市為例）

使用分區或使用地類別 基地情形（公尺）		工業區及 丁種建築用地
正面路寬 7 公尺以下	最小寬度	3.50
	最小深度	12.00
正面路寬超過 7 公尺至 15 公尺	最小寬度	4.00
	最小深度	16.00
正面路寬超過 15 公尺至 25 公尺	最小寬度	4.50
	最小深度	17.00
正面路寬超過 25 公尺	最小寬度	4.50
	最小深度	18.00

所以，本案不算是畸零地。

一般而言，判斷工業用地是否爲畸零地，會以 7 公尺寬、18 公尺深，而且是需要以長方形爲基本的判斷方式。

眞心建議，若看到曲折歪斜地形的工業用地，不要因爲其面積大，而忽略了檢討畸零地的限制。當然，要找到熟稔其法規的建築師來進行檢討評估。

另外，若土地位於都市計畫區，在檢討畸零地時，也要回過頭來面對「土地使用管制要點」當中的眉眉角角。通常，會搞死人的不是明槍，是這一種躲在文字細微處的暗箭。一不小心炸裂後，血本無歸，回頭太難。而在「土管」中要注意的有以下幾點：

1. 建蔽率是否有另行規定。
2. 建築線後的退縮規定，以及前、後、側院的距離。
3. 綠帶位置。因爲在綠帶旁，建築物約要退 4 公尺才能建築。

以筆者多年經驗而言，要掌握好工業用地的使用規定，直到能夠建築實屬不易。再加上畸零地的檢討，更是困難。若遇上此類相關問題，聖經上「箴言」有說，「不先商議，所謀無效；謀士眾多，所謀乃成」，請大家愼而爲之。

相關法規

• 高雄市畸零地使用自治條例

第 8 條

畸零地有下列情形之一者，其最小寬度、深度及面積符合附表三規定者，准予建築：

1. 實施區域計畫地區非都市土地在編定使用前，業經地政機關辦理分割完竣。

2. 實施都市計畫地區在中華民國 62 年 7 月 12 日臺灣省畸零
地使用規則發布施行前，業經地政機關辦理分割完竣。

　　前項情形因都市計畫公共設施用地之劃定遂為分割完竣
者，仍適用之。

第 9 條

　　建築基地位於非都市土地依區域計畫法編定為丁種建築
用地，或依都市計畫劃定為工業區，在中華民國 82 年 4 月
13 日前，經地政機關完成分割登記者，於符合附表四規定之
最小寬度、深度時，得准予建築。

近水樓臺的困難

　　我也常常遇到解不開的題目，而這些題目總令我在午夜夢
迴，雙眼呆望窗外，苦思無解。尤其在遇到政府行政單位，沒
有橫向溝通的意願時，也只能掩卷嘆息。

　　這題是一位摯友所遇到的。

　　很弔詭的狀況。在河川區內，有條已可供指定建築線，且
有公共排水的現有巷道，這真的很少見。其與建築基地夾著 C
地，是未開闢的「水防道路」，即是防汛道路。由於 C 地屬國
有地，又屬河川局管轄，所以即使有現有巷道，因為在河川防
洪線內，河川局依水利法為由，不同意出具同意書，讓 A、B
地以架橋通行，申請建築。

　　水利署在 94 年時有函釋：「水防道路在道路（含市區及村
里道路）主管機關未將其公告為道路系統，並由道路管理機關
接管前，不得將水防道路，視同一般道路，並據指定建築線。」

這案因為有未開闢的「水防道路」，所以在指定建築線時，無法「順勢」將C地變成公告的道路。導致B地無法臨建築線，就無法申請建築。

有人會問「尚有機關接管的問題」，一般而言，若由既成道路變成現有巷道，在這個過程，縣市政府的養工單位，皆已經有將道路部分維護管理，故大部分在「行政」上已接管。

本案面臨風景秀麗、流水潺潺的河川邊界。原本是一很適合居住的絕佳地點，但是面臨防汛道路及各種的管制問題，以致近水樓臺不一定先得月，而需要面對各種困難的問題，否則可能無法先得月，還會先淹水。

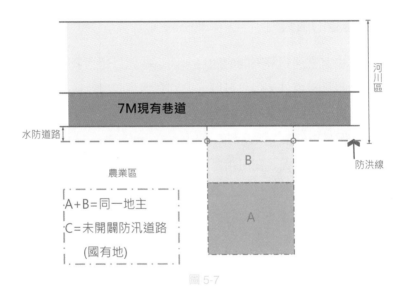

圖 5-7

專案解析

　　專用公路雖屬公路法所規範的路，但卻不一定符合建築技術規則第一章第 36 款所規定的「公告道路」。在專用公路管理規則第 2 條所述的種類，雖沒有明文規定，守正嚴明的將水防道路納入其中，但在河川管理辦法第 6 條第 3 款之規定，係指為便利防汛，搶險運輸所需道路及側溝，並為堤防之一部分，爰於其範圍內之行為，悉受水利法有關禁止及限制使用規定之規範。是否可以擴大適用專用公路，一直以來，是有所爭議。

　　在此，我們不討論水防道路是否可供公眾使用通行的問題（有興趣了解的讀者，可參閱最高法院台上字第 1477 號民事判決）。在實體建築管理上，更應該聚焦在 —— 人民因為工作、訪友、生活，甚至社交活動，已經對水防道路形成信賴安全。依賴使用的「公用地役關係」下，經由人役權的自然形成，是否可以將其用以公告，成為可供指示建築線的「道路」。

　　若以經濟部水利署函 101.09.06 經水字第 10106106540 號釋：「……惟考量水防道路之性質，建管單位於指定建築線時，宜以業經道路主管機關接管，並公告為一般道路者始予指定為原則。」也即是，水利署要各地方政府「依權責卓處，本署不另行告知，懇請德便，至紉公誼」，即是地方政治要「認帳」即可。

　　但本案，百年難遇，河川區內竟然有一已經有「現有巷道」，可以指定建築線。這現有巷道與基地之間夾著一條「未

開闢」的水防道路。這未開闢的水防道路，現況又非做水溝使用。

如此，以至於基地前方不遠處雖有建築線，但因水防道路未開闢，地方政府無法「認帳」接手管理；又因爲現況沒有溝渠，無法適用「架橋通行」。

這題最後只能往都市計畫的方向走了，由於事涉其他議題，咱們就此打住。

相關法規

• 公路法第 2 條

本法用詞，定義如下：

1. 公路：指國道、省道、市道、縣道、區道、鄉道、專用公路及其用地範圍內之各項公路有關設施。

2. 國道：指聯絡二直轄市（省）以上、重要港口、機場及重要政治、經濟、文化中心之高速公路或快速公路。

3. 省道：指聯絡二縣（市）以上、直轄市（省）間交通及重要政治、經濟、文化中心之主要道路。

4. 市道：指聯絡直轄市（縣）間交通及直轄市內重要行政區間之道路。

5. 縣道：指聯絡縣（市）間交通及縣與重要鄉（鎮、市）間之道路。

6. 區道：指聯絡直轄市內各行政區及行政區與各里、原住民部落間之道路。

7. 鄉道：指聯絡鄉（鎮、市）間交通及鄉（鎮、市）與村、里、原住民部落間之道路。

8. 專用公路：指各公私機構申請公路主管機關核准興建，專供其本身運輸之道路。

9. 車輛：指汽車、電車、慢車及其他行駛於道路之動力車輛。

10. 汽車：指非依軌道或電力架設，而以原動機行駛之車輛。

11. 電車：指以架線供應電力之無軌電車，或依軌道行駛之地面電車。

12. 慢車：指腳踏自行車、電動輔助自行車、電動自行車，三輪以上人力或獸力行駛之車輛。

13. 公路經營業：指以修建、維護及管理公路及其附屬之停車場等，供汽車通行、停放收取費用之事業。

14. 汽車或電車運輸業：指以汽車或電車經營客、貨運輸而受報酬之事業。

15. 計程車客運服務業：指以計程車經營客運服務而受報酬之事業。

• 專用公路管理規則第 2 條

　　本規則所稱之專用公路，依公路法第 2 條第 6 款規定，指各公私機構興建，專供其本身運輸之道路，區分類別如下：

1. 港埠、農場、牧場、礦場、社區、工業區、電廠、工廠等與公路銜接之道路。

2. 林場長期使用之道路。

3. 水庫集水區之幹線道路。

4. 風景名勝、休閒育樂區之道路。

5. 其他事業經向公路主管機關申請核准興建專供其事業運輸之道路。

經濟部水利署函 101.09.06 經水政字第 10106106540 號
主旨：有關河川區內或河川區域線內之水防道路可否指定建築線一節，建請依貴管法規本權責認定，請查照。
說明：

1. 有關河川區內或河川區域線內之水防道路可否指定建築線一節，貴署前以 94 年 4 月 20 日「研商都市計畫區河川區內或河川區域線內之防汛道路可否指定建築線案會議」之紀錄所引用之本署以 94 年 4 月 20 日經水政字第 09453033350 號函送之書面意見，略以：「水防道路在道路（含市區及村里道路）主管機關未將其公告為道路系統並由道路管理機關接管前，不得將水防道路視同一般道路並據以指定建築線。」及「河川區域內之現存便道、運輸路及水防道路皆不宜認定為既成道路，亦不得據以指定建築線」作為水防道路得否指定建築線之依據。

2. 按水防道路依河川管理辦法第 6 條第 3 款之規定，係指為便利防汛、搶險運輸所需之道路及側溝，並為堤防之一部分，爰於其範圍內之行為，悉受水利法有關禁止及限制使用規定之規範。且水防道路施設之目的在於專供防汛搶險之通路，其道路之鋪面、寬度、線型係依其施設之目的辦理，並不同於一般道路之規畫及施設，故亦不符合一般道路設計之標準。

3. 另水防道路於道路主管機關未依「道路主管機關申請使用水利主管機關養護堤防（含水防道路）其構造物興建、養護、管理等處理原則」向轄管河川管理機關提出申請，並依行政程序完成其為道路之公告或核定等程序，並正式移交接管納入道路系統前，河川管理機關為防汛搶險需求，不排除為適度之封閉措施，即防汛道路有無法供一般車輛通行之可能與必要。

4. 綜上，因建築線之指定依法應屬建築法主管機關之權限，爰本署前開意見修正為：「水防道路及河川區域內之現存便道、運輸路是否得指定為建築線，應由建築法之主管機關本其主管權責，依其主管法規及其所在個別情況之適當與否認定之。惟考量水防道路之性質，建管單位於指定建築線時，宜以業經道路主管機關接管，並公告為一般道路者始予指定為原則。」

我已經贏了

三年前，開始有一些企業主，找我不只是處理「一棟」建築物，而是「一堆」土地。這些人大概都是事業有成，或是祖上積德。大部分的企業主，年齡都六、七十歲以上。六十幾歲上下的企業主，多會以土地經營為主；相近我父執輩歲數的企業主，則會以土地傳承為主。

W 董因為有「很多」的土地問題，是常常會「故人具雞黍，邀我至田家」的長者。他在社會上德高望重，為人卻是小心謹慎、知所進退。每年會給我一、二個案子，好名正言順的請我喫茶聊天。

　　一年多前，在一次擺設精緻、茶香四溢的茶席中（通常這樣一定有戲）。他提到，自己因緣際會承接了一塊土地，他說：「這次的疫情造成這位朋友一些困難。對方不是會賴帳的人，他就把土地先抵給我。無論這地好不好，這情分是顧到了。但是他們說，這塊地的建築線一直無法指定。小王啊！你認為這地有解嗎？」

　　我回，本案有三個問題：

1. 建築線的困難應該不大，請村長辦理現況會勘後，順藤摸瓜應該可以。看起來既成道路的可能性很高。

2. 水利用地，現況有排水溝，這個比較傷腦筋。若尚有業務使用，就無法申請購買。

3. 國有地，即使可以購買，要如何變成「專案讓售」，這是非常有技術上的問題。

　　我向 W 董表達以上三點，每一點都是風險滿滿。且若真的有問題，也是困難重重。即使可以處理，也是曠日廢時。W 董說：「沒關係，輸贏後果我來承擔，你就出手解題吧！」

　　W 董說：「我也知道這塊地有問題，但是朋友都已經『不賴帳』。我更支持他，讓他有機會翻身。第二，人生一定會遇到非常多問題，有困難就努力去面對。這塊地到我手上，我們就有緣分。第三，若是你能夠妙手回春，這土地的價格就不可同日而語。就以上，我可以支持朋友，又面對了困難，又可以獲利，我已經贏了。」

　　經過一年半的努力，國有水利地已經買到了，也辦理了架橋通行，土地活起來了。這塊地再差一步，就功德圓滿。但無論如何，我看到一位長者，堅持能面對困難，有大乃容的德行，實屬難得。

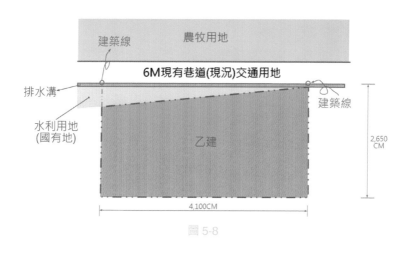

圖 5-8

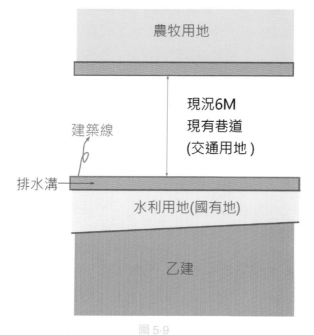

圖 5-9

專案解析

日據時代，家族聚落繁衍後，皆會在附近，靠近水圳地緣旁，興建建築居住，聚屋成村，數村成鄉。在民國 65 年，區域計畫發布之時，聚落即被編為鄉村區的乙種建築用地。

本案的困難在於，乙建前方的水利用地及交通用地皆是國有地，也皆是特定農業區。而水利用地（國有地）上，尚有水溝水使用。一般而言，水利用地若有防洪、防汛及灌溉使用，就無法辦理廢棄，即無法申請國有地讓售。

然而，在進行建築線測繪時，蒐集了許多有用且關鍵性的資料（就說吧！學會指建築線，是智慧的開端）。

現況通路（不含水溝）為 6.06 公尺寬，又是原編的交通用地。這一定在日據時代已經存在，非農地整劃後 4 公尺或 6 公尺寬。可指建築線的機率約 95%。

連接到水利用地附近的水溝，已經有鄉公所維管的痕跡（水溝蓋）。這水溝可能已經沒有農業相關業務使用，國有地有望申購。

基地是鄉村區乙種建築用地，若買下水利用地，又隔 4 公尺以上的原編交通用地。水利用地可望變更甲種建築用地。

辦理這樣的事，曠日廢時，也大費周章。但是將法規的競合關係及時效點釐清，當成參數的要徑，將執行策略擬定，就會像煮一鍋東坡肉一樣，「淨洗鐺，少著水，柴頭罨煙燄不起。待他自熟莫催他，火侯足時他自美。」

筆者成文時，刻辦理變更甲建手續中。

相關法規

• 非都市用地使用管制條例第 35-1 條

一、非都市土地鄉村區邊緣畸零不整且未依法禁、限建，並經直轄市或縣（市）政府認定非作為隔離必要之土地，合於下列各款規定之一者，得在原使用分區內申請變更編定為建築用地：

1. 毗鄰鄉村區之土地，外圍有道路、水溝或各種建築用地、作建築使用之特定目的事業用地、都市計畫住宅區、商業區、工業區等隔絕，面積在 0.12 公頃以下。

2. 凹入鄉村區之土地，三面連接鄉村區，面積在 0.12 公頃以下。

3. 凹入鄉村區之土地，外圍有道路、水溝、機關、學校、軍事等用地隔絕，或其他經直轄市或縣（市）政府認定具明顯隔絕之自然界線，面積在 0.5 公頃以下。

4. 毗鄰鄉村區之土地，對邊為各種建築用地、作建築使用之特定目的事業用地、都市計畫住宅區、商業區、工業區或道路、水溝等，所夾狹長之土地，其平均寬度未超過 10 公尺，於變更後不致妨礙鄰近農業生產環境。

5. 面積未超過 0.012 公頃，且鄰接無相同使用地類別。

二、前項第 1 款、第 2 款及第 5 款土地面積因地形坵塊完整需要，得為百分之十以內之增加。

三、第 1 項道路、水溝及其寬度、各種建築用地、作建築使用之特定目的事業用地之認定依前條第 3 項、第 4 項及第 6 項規定辦理。

四、符合第 1 項各款規定有數筆土地者，土地所有權人個別
　　申請變更編定時，依前條第 5 項規定辦理。

五、直轄市或縣（市）政府於審查第 1 項各款規定時，得提
　　報該直轄市或縣（市）非都市土地使用編定審議小組審
　　議後予以准駁。

六、第 1 項土地於山坡地範圍外之農業區者，變更編定為甲
　　種建築用地；於山坡地保育區、風景區及山坡地範圍內
　　之農業區者，變更編定為丙種建築用地。

令人痛不欲生的土地救援

「若沒有處理好國有地以及『現有巷道』的問題，5,000 坪的建地可能會變廢地。」我在了解 C 先生基地的情況之後，向他口頭報告了這句話。

他回：「怎麼這麼可怕！我基地前方是交通用地，而且其他建築師並沒有提出『沒有建築線』的問題。」

我說：「第一，交通用地『不只能』做交通使用。第二，指定建築線是以『現況』為準。」接著又說，「依現況『現有巷道』最多 6 公尺寬，若是剩下的交通用地，總面積又超過 1,650 平方公尺，且又非畸零地，所以，基地前方的交通用地，『卡』死了這塊基地了。」

C 先生是一位長期旅居在外國且事業有成的企業主，為了妥善處理前人所留下的土地，也很努力的學習相關知識。但對於臺灣書而不明，似是而非的土地法規，也不得其門而入，常常被搞得暈頭轉向。

　　說真的，這塊土地臨近科學園區，在未來園區若開發超過 2/3 後，由於地點好，佳景可期。但是面對舉證「既成道路」困難的情況下，交通用地併計超過 1,650 平方公尺；又無法依「公有畸零地合併證明」，合併前方的交通用地的情況下，要活化這塊璞玉，可謂困難重重。

　　接下委託案之後，光是建築線，就耗了八個月處理。期間辦理了不同單位的會勘、定樁，原編範圍的認定、空照圖的判讀，以及政府單位的會議、維管證明的取得等等。用盡了洪荒之力，經歷了兩任市長，才指出這一條看不見，又要人命的建築線。

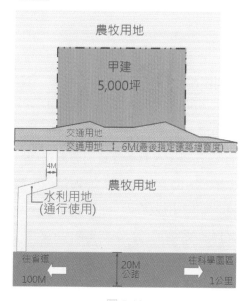

圖 5-10

面對國有地，在陳技師使出渾身解數，憑著大膽假設，小心行事的作業風格，竟然合法且神奇的，運用不同的解釋令及作業程序，買下了部分的國有地，費時約一年才交割完成。

結案後，C先生表達了對我們的感激之意外，又說：「本案的精彩程度，大概可以拍一齣專業的連續劇了，因為明明險象環生，卻又常常柳暗花明。」

我回C先生說：「是啊！『常常』是誰我不知道，但我一定是那一個『明明』。因為在這個案子當中，我真的險象環生，也痛不欲生。」

專案解析

並非基地前方有國有的交通用地，就可以指出建築線。尤其不一定可以與基地相連。但是坊間有一種「傳說」，交通用地一定可以當路使用，且可以指定建築線，供申請建築執照。

再次聲明，這「傳說」是錯的，其不可靠的程度與渣男相同，奉勸不要再相信渣男的承諾。

本案基地為5,000坪以上的甲建，有這麼一大片的原編甲建，若各位想得清楚，那功力已經達到高手等級。如此基地前方寬達15公尺以上，且不等寬的原編交通用地，才能有合理的解釋。畢竟，65年區域劃的原編是現況編定。土地使用、不同地目之間的主從位置、從屬關係，在當時一定是門庭若市，才會有這麼大的一條交通用地。

但經三十年的投閒置散，桑田變回滄海。原本甲建上的榮景不在，前方的交通用地不再車水馬龍，漸漸地車流使用

面積縮小，且集中在基地的對向處，只形成一條約 5 公尺的車道，供附近的農業通行使用。

　　由於前方的通路自始以來，從未公告指定建築線，依當地地方政府的建築管理自治規則，需依現況認定，且最寬為 6 公尺寬的建築線。因此，這塊甲建，活生生地變成了「袋地」。貴公子，馬上變成窮書生。

　　這樣態樣的地主，在非都地區及農內有農建地的土地附近屢見不鮮，也常常令購地者苦不堪言。所以，一定要先確定建地及交通用地的來龍去脈，以及前世今生，才能做正確的判斷。

相關法規

• 實施區域計畫地區建築管理辦法第 11 條

一、建築基地臨接公路者，其建築物與公路間之距離，應依公路法及其有關法規辦理，並應經當地主管建築機關指定（示）建築線；臨接其他道路其寬度在 6 公尺以下者，應自道路中心線退讓 3 公尺以上建築，臨接道路寬度在 6 公尺以上者，仍應保持原有寬度，免再退讓。

二、建築基地以私設通路連接道路者，其通路寬度不得小於下列標準：

1. 長度未滿 10 公尺者為 2 公尺。

2. 長度在 10 公尺以上未滿 20 公尺者為 3 公尺。

3. 長度大於 20 公尺者為 5 公尺。

4. 基地內以私設通路為進出道路之建築物，總樓地板面積合計在 1,000 平方公尺以上者，通路寬度為 6 公尺。

• 各地建築管理自治條例（以「高雄市」為例）

第 4 條

　　基地臨接供公眾通行之現有巷道，其最小寬度 2 公尺以上並符合下列規定之一者，得於申請指定建築線後申請建築：

1. 具有公用地役關係。

2. 現有巷道旁已有編釘門牌房屋二戶以上，且其門牌編釘或戶籍登記已逾二十年。

3. 土地登記謄本之地目登記為道。

4. 未計入法定空地之私設通路或基地內通路，且符合下列情形之一者：

　　⑴ 經土地所有權人出具經公證人認證之同意供公眾通行土地使用權同意書。

　　⑵ 經贈與政府機關供公眾通行，並已依法完成土地登記。

5. 未計入法定空地且法令容許得作為道路使用之土地，經土地所有權人同意贈與本市作為道路使用，並依法完成土地移轉登記手續，且其寬度不得小於 6 公尺；其位於工業區及丁種建築用地者，寬度不得小於 8 公尺。

6. 經主管機關認定為現有巷道。

第 6 條

　　建築基地與都市計畫道路間夾有具公用地役關係之現有巷道者，得以現有巷道之邊界線作為建築線，並得考量納入都市計畫道路範圍。

土地分割之通行權（一）

　　Z 土地為小王、小明、小豬、小妮共有，且 Z 土地僅有南面臨接道路，請問 Z 土地應如何分割，將來才不會衍生確認通行權訴訟即可建築？

圖 5-11

　　於本件分割共有物訴訟，會使用到前面章節所提之袋地通行權與建築法規的相關規定：

　　袋地通行權部分，需要考量的是，土地如果經過分割，那分割所造成的土地就無法跟鄰地請求通行權，只能向分割出來的土地請求通行權。

　　建築法規部分，需要考量的是，土地需要跟道路相連接才有辦法指定建築線建築，再來就是留設的道路需要多少寬度及長度。

　　如果小王、小明、小豬、小妮將 Z 土地分割成以下情形：

・A 土地由小王取得。

・B 土地由小明取得。

• C 土地由小豬取得。

• D 土地由小妮取得。

　　因為只有南面臨道路，所以會造成 C 土地與 D 土地沒有對外連接道路，只要 A 土地、B 土地擋起來，或者蓋滿建物，那小豬跟小妮可能就沒有道路可以進入外，更會因為 C 土地、D 土地沒有連接道路而無法建築。屆時 C 地、D 地就會變成一塊廢地，只能透過另外向小王及小明提出請求袋地通行權的訴訟，才有辦法解決困境，徒增困擾。

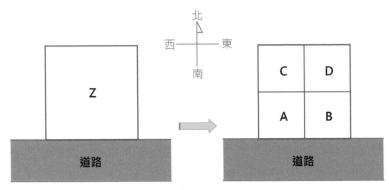

圖 5-12

　　但如果他們將 Z 土地分割成下面這種情形：

• A 土地由小王取得。

• B 土地由小明取得。

• C 土地由小豬取得。

• D 土地由小妮取得。

• E 土地則作為Z 土地的私設道路，繼續由小王、小明、小豬、小妮四人保持共有。

　　這樣的情形下，縱使只有南面臨道路，小豬及小妮於分割後取得的 C 土地、D 土地也不會變成袋地，小豬及小妮可以自由出入所有土地。

　　但至於是否可建築？是否真的沒有提出「請求袋地通行權」的必要？那就需要看 E 土地的私設道路是不是有符合建築法規之相關規定。

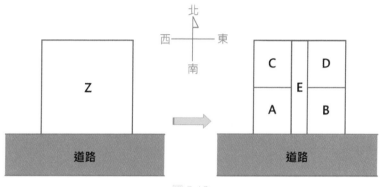

圖 5-13

　　又建築技術規則建築設計施工編第 2 條中，就私設道路的規定很明確，所以 E 部分土地的長度跟寬度，就需要依照規定劃設，以免造成有私設道路，但因為私設道路的寬度、長度不符合規定的情況，導致 C 地、D 地仍需要透過確認通行權訴訟來擴大私設道路，讓私設道路符合規定才能建築。

參考資料

- 建築技術規則建築設計施工編第 2 條

一、基地應與建築線相連接，其連接部分之最小長度應在 2
　　公尺以上。基地內私設通路之寬度不得小於下列標準：

1. 長度未滿 10 公尺者為 2 公尺。

2. 長度在 10 公尺以上未滿 20 公尺者為 3 公尺。

3. 長度大於 20 公尺為 5 公尺。

4. 基地內以私設通路為進出道路之建築物總樓地板面積合計
　　在 1,000 平方公尺以上者，通路寬度為 6 公尺。

5. 前款私設通路為連通建築線，得穿越同一基地建築物之地
　　面層；穿越之深度不得超過 15 公尺；該部分淨寬並應依
　　前 4 款規定，淨高至少 3 公尺，且不得小於法定騎樓之高
　　度。

　　回顧第一個案例，小王、小明、小豬、小妮將 Z 土地分割
成下面這種情形：

- A 土地由小王取得。

- B 土地由小明取得。

- C 土地由小豬取得。

- D 土地由小妮取得。

- E 土地則作為 Z 土地的私設道路，由四人保持共有。

　　分割後的 C 地、D 地縱使不會變成袋地，小豬及小妮可以
自由出入所有土地，但是否可建築？是否真的沒有提出請求袋
地通行權的必要？那就需要看 E 土地的私設道路是否符合建築
法規之相關規定。

假設 Z 土地本身長度有 9 公尺，但 E 土地的寬度卻只留設 1 公尺寬，那小豬、小妮仍需要透過請求袋地通行權訴訟，向 A 地、B 地請求通行，藉以拓寬 E 地的寬度，以滿足建築法規規定，C 地、D 地才可以建築。

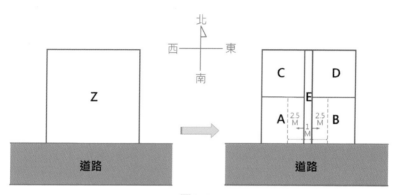

圖 5-14

土地分割之通行權（二）

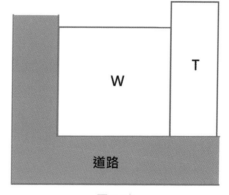

W 土地為小肥、小嘟、小佐、小衛、小門共有，W 土地南面、西面有臨接道路，東面有一長期供公眾通行之 T 土地，請問 W 土地應如何分割將來才不會衍生確認通行權訴訟即可建築？

圖 5-15

於本件分割共有物訴訟，除了需要考慮前一個案例說的「袋地通行權」及「建築法規相關規定」外，還需要考慮 T 土地到底是不是屬於「既成道路」。

一、T 土地不是既成道路的情形

小肥等五人將 W 土地分割成下面這種情形：

- A 土地由小肥取得。
- B 土地由小嘟取得。
- C 土地由小佐取得。
- D 土地由小衛取得。
- E 土地由小門取得。

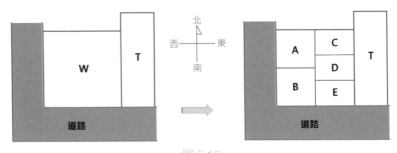

圖 5-16

因為 W 土地只有南面跟西面臨道路，那就會造成小佐、小衛的 C 土地、D 土地沒有對外連接道路。跟前一個案例一樣，只要 A 地、B 地、E 地擋起來，或者蓋滿建物，那小佐、小衛除可能沒有道路可以進入 C 地、D 地外，更會因為沒有連接道路而無法建築。這樣 C 地、D 地就會變成廢地，只能透過另外向小肥及小嘟、小門提出請求袋地通行權的訴訟，才有辦法解決困境。

　　但如果這五人將 W 土地分割成下面這種情形：

・A 土地由小肥取得。

・B 土地由小嘟取得。

・C 土地由小佐取得。

・D 土地由小衛取得。

・E 土地由小門取得。

・F 土地作為 W 土地的私設道路，繼續由五人保持共有。

　　這樣的情形下，分割後的C地、D地不會變成袋地，小佐、小衛可以自由出入所有土地。但至於是否可建築？是否沒有提出請求袋地通行權的必要？跟前例一樣，需要看 F 地的私設道路是不是有符合建築法規之相關規定。

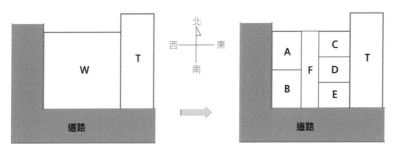

圖 5-17

二、T 土地是既成道路的情形

　　因為 T 土地是既成道路，所以縱使他們將 W 土地分割成下面這種情形：

・A 土地由小肥取得。

・B 土地由小嘟取得。

・C 土地由小佐取得。

・D 土地由小衛取得。

・E 土地由小門取得。

那 C 地、D 地也可以透過 T 土地通行，就不會變成袋地。也可以透過 T 地指定建築線建築，就不需要另外向小肥、小嘟、小門提出請求袋地通行權訴訟。

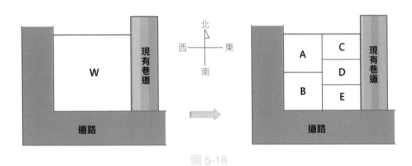

圖 5-18

土地分割實際案例

實務上處理分割共有物案件時，也會考量分割後是否會因此變成袋地。所以在分割共有物訴訟時，若有考量土地坐落情形，並劃設符合建築法規之道路，將可提高法官判決的意願。

案例　R 土地為小陳、小林、小王共有，小陳提出分割共有物訴訟，但是提出的分割方案，會導致小王的土地因沒有連接道路而成為袋地。

此時小林提出另一個分割方案，就是在 R 土地上留設符合建築法規的道路，如此分割後每個人取得的土地，都可以連接道路不會變成袋地。最後法官認同小林所提出的方案符合最佳

利益，且分割後各土地都有連接道路、可建築，判決 R 土地以小林所提出之分割方案進行分割。

　　以下完整節錄法院判決其中一段，認真讀過「法院判斷」的完整內容，有助於熟悉法院判斷的形成，對合適方案的提出有很大的助益。

判決內容擷取

參、本院之判斷

一、按各共有人，除法令另有規定外，得隨時請求分割共有物；但因物之使用目的不能分割或契約訂有不分割之期限者，不在此限，民法第 823 條第 1 項定有明文。經查卷內資料，兩造就系爭土地依法既無不能分割之情事，亦無因物之使用目的不能分割情形，兩造復未定有不分割之協議，且就分割方式無法達成協議，則原告請求裁判分割系爭土地，於法有據，應予准許。

二、共有物之分割，依共有人協議之方法行之；分割之方法，不能協議決定者，法院得因任何共有人之聲請，以原物分配於各共有人；但各共有人均受原物之分配顯有困難者，得將原物分配於部分共有人；以原物為分配時，因共有人之利益或其他必要情形，得就共有物之一部分仍維持共有，民法第 824 條第 1 項、第 2 項第 1 款與第 4 項分別定有明文。又共有人因共有物分割之方法不能協議決定，而提起請求分割共有物之訴，應由法院依民法第 824 條命為適當之分配，不受任何共有人主張之拘束；惟定共有物分割之方法，固可由法院自由裁

量，但仍應斟酌各共有人之意願、共有物之性質、價格、分割前之使用狀態、經濟效用、分得部分之利用價值及全體共有人之利益等有關情狀，定一適當公平之方法以爲分割（最高法院 49 年台上字第 2569 號裁判、96 年度台上字第 108 號判決、98 年度台上字第 2058 號判決及 74 年度第 1 次民事庭會議決議（二）參照）。經查：

（一）系爭土地爲附表一所示之兩造分別共有，應有部分各如附表一所示，土地使用分區爲特定農業區、使用地類別爲農牧用地，有系爭土地公務用謄本在卷可稽（本院卷第 81 至 83 頁）；又系爭土地北臨貓羅溪，沿同段 1031 地號土地上田埂小路、1030 地號土地上小路向西通往彰南路 6 段；系爭土地上種植農作物；有關系爭土地使用情形，經本院會同兩造及彰化縣彰化地政事務所於民國 111 年 8 月 17 日至現場勘驗屬實，並有現場簡圖及現場照片存卷可憑（本院卷第 111 至 127 頁）。

（二）按依區域計畫法劃定爲特定農業區、一般農業區、山坡地保育區及森林區之農牧用地，爲農業發展條例（下稱農發條例）第 3 條第 11 款所稱耕地。又每宗耕地分割後每人所有面積未達 0.25 公頃者，不得分割；但有下列情形之一者，不在此限：三、本條例 89 年 1 月 4 日修正施行後所繼承之耕地，得分割爲單獨所有；四、本條例 89 年 1 月 4 日修正施行前之共有耕地，得分割爲單獨所有；前項第 3 款、第 4 款所定共有耕地，

辦理分割爲單獨所有者，應先取得共有人之協議或法院確定判決，其分割後之宗數，不得超過共有人人數，農發條例第 16 條第 1 項第 3 款、第 4 款、第 2 項亦有明文。查系爭土地爲特定農業區之農牧用地，屬農發條例第 3 條第 11 款所稱「耕地」，自有上開條例之適用。復核諸兩造方案所分割各區塊之面積雖均未達 0.25 公頃，然系爭土地於該條例修正施行前爲王甲單獨所有，嗣兩造於 107 年 10 月 9 日因分割繼承而取得，符合農發條例第 16 條第 1 項第 3 款情形，是系爭土地分割筆數如不超過 4 筆，則與前開條例規定意旨無違，有系爭土地地籍異動索引、彰化縣彰化地政事務 111 年 8 月 26 日彰地二字第 1110008049 號函存卷可考（本院卷第 85 至 88-1 頁、第 135 頁）。經核原告方案係將系爭土地分割爲 2 區塊、被告方案係將系爭土地分割爲 4 區塊，均符合上開限制，於法不悖。

（三）就兩方案共有人意願言：從原告方案支持者觀之，除原告持有系爭土地應有部分 6 分之 1 外，縱使加計曾具狀陳報同意與原告維持共有之王乙之持分 6 分之 1，合計僅占系爭土地應有部分 3 分之 1，未達半數。反觀被告方案獲得王丙、王丁等人支持，合計同意被告方案之共有人所持應有部分已達 3 分之 2，堪認被告方案較符合多數持分共有人之意願。

（四）就兩方案通行出入言：原告方案就系爭土地未預留聯外通路。反觀被告方案分割 A 區塊留作 3 公尺寬私

設通路，由各共有人維持共有，從東南向西北延伸，連接現存之同段 1031 地號土地上田埂小路、1030 地號土地上小路向西通往彰南路 6 段，以為對外通行之用，堪認較為便利、妥適。復考諸法院為裁判分割時，固應消滅其共有關係，然因共有人之利益或其他必要情形，就共有物之一部，有時仍有維持共有之必要，例如分割共有土地時，需保留部分土地供為通行道路之用是（民法第 824 條修法理由參照），從而被告方案為顧及分割後各區塊共有人均有通行出入之可能，遂保留被告方案所示 A 區塊作為私設道路使用，並由兩造依附表二備註欄所列比例維持共有，亦符合前開法令規定。

（五）就兩方案分割後之經濟效用、利用價值及全體共有人之利益言：

1. 原告方案將系爭土地分割為東、西 2 區塊，西側 A 區塊由原告與王乙維持共有，此部分固經渠等同意；東側 B 區塊則分歸予王丙、王丁維持共有，然並未獲得渠等同意，且原告復未具體陳明有何共有人之利益或其他必要情形而有維持共有之必要，難謂與法相合。且原告所分得西側 A 區塊，固可循前揭所指目前通行方式對外通行，經濟價值較高；但王丙、王丁所分得東側 B 區塊因無對外通路，如欲通行彰南路 6 段，勢必需借道經過西側 A 區塊，實減損分割後之經濟效用與利用價值，兩相比較，似有獨厚原告之嫌。

2. 反觀被告方案由北而南分成三區塊，B 區塊分歸王丙、C 區塊分歸王丁，D 區塊則分歸原告與王乙維持共有；核諸原告與王乙已同意維持共有如前，並不悖於其意願與法令規定。且三區塊均緊鄰 3 公尺私設通路，各受分配人所分得區塊均得利用私設道路連接位於系爭土地西側之彰南路 6 段，對外出入通行無礙，有利於分割後之經濟效用、利用價值。又三區塊分割後之形狀，B、C 區塊較狹長，D 區塊較為方正，由原告與王乙維持共有 D 區塊，亦無損及渠等之利益。

（六）又參酌依被告方案換算各共有人所分得面積，與分割前以應有部分所換算面積大致相符，且到庭共有人均無意囑託鑑定機構以鑑定具體精確補償金額，並同意不另行金錢補償（本院卷第 223 頁）。再酌以系爭土地經分割後之各區塊，無礙系爭土地依原使用目的繼續利用，亦徵被告方案，堪值採取。

參考資料：臺灣彰化地方法院 111 年度訴字第 581 號民事判決

還是會

　　共有物分割案件在實務操作上，如果土地上面的建物是未保存登記建物，那大多數法官在評估土地分配位置時，都不會考量土地上的建物，避免先占先贏的狀況淪為常態。意思就是，就土地上的建物並不會影響土地分配的位置，每位共有人分配位置是否能使土地達到最大經濟效用，以及是否符合全體共有人利益，才是主要考量。

　　反之，如果地上建物是「保存登記建物」，那麼通常都具有其經濟價值。若分配位置時未考慮建物，那所有人在分配土地時，可能分配到的土地，與建物所在的土地不同；屆時分配到該土地的所有人，即可能拆除建物，造成保存登記建物的所有人受到經濟上損害。因此，這種時候多數法官會把建物納入考量，再對土地進行分配。

　　然而還是有少數法官認為，土地上面的建物縱使是未保存登記建物，仍然需要考量建物的坐落情形來劃分土地。但這樣的作法，僅顧及土地上建物是否可以被保存，而可能忽略土地的最大經濟效用。故僅有少部分法官會採用此作法進行判決。

圖 5-19

　　以圖 5-19 這塊土地為例。

　　經確認後，該土地上的建物都是未保存登記建物。但承審法官認爲只要是建物都應該要被保存下來，所以要求提出的分割方案不能破壞到任何建物。因此提出分割方案時，就必須考量建物坐落的面積及界線，這會造成分割後土地可能會呈不規則形狀外，更有可能使分割後土地淪爲袋地，也會影響該土地的市場價值。但如果不考慮地上建物，劃分出來的土地都盡可能保持方正完整，並以將來每塊土地均可單獨申請建築執照爲原則，相對的其市場交易價值也會較高。

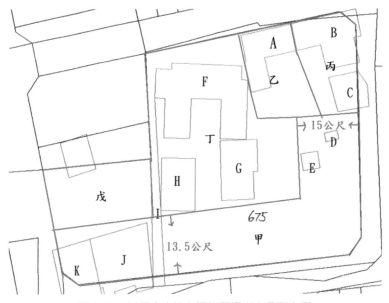

圖 5-20　以保全土地上建物所提出之分割方案

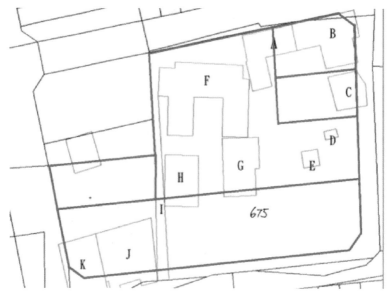

圖 5-21　以土地達到最大經濟效用為目的所提出之分割方案

補充資料

分割共有物訴訟判決確定後，針對分得土地上的房屋，可透過強制執行程序直接拆除，無須另外提起拆屋還地訴訟。

案例　甲土地為小春跟小天共有，甲土地上尚有 A、B、C 三棟建物，均為小天所有，甲土地經法院判決分割成為甲1土地及甲2土地。甲1土地由小春取得，甲2土地由小天取得。於判決確定後，小春可透過強制執行程序將甲1土地上的 A 建物跟 B 建物直接拆除，不用另外再提出拆屋還地訴訟。

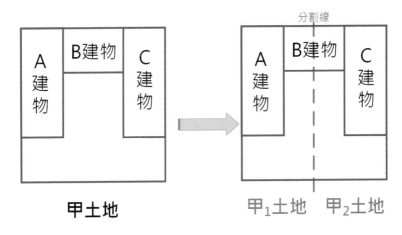

圖 5-22

相關實務見解

• 最高法院 79 年度台抗字第 21 號裁定意旨

按以共有土地為原物分割之裁判,縱未宣示交付管業,但其內容實含有互為交付之意義,當事人仍得依強制執行法第 131 條第 1 項規定請求點交。從而土地既應點交,則地上建物,依司法院院解字第 3583 號解釋,亦當然含有拆除效力在內,依強制執行法第 125 條準用第 100 條之法意推之,自可拆除房屋點交土地與分得之當事人。

• 最高法院 75 年第 1 次民事庭會議決議

分割共有物之判決,兼有形成判決及給付判決之性質,不因強制執行法修正而有異。且判決之執行為程序上之事項,參照 45 年台上字第 83 號判例,分割共有物之判決,不論成立於強制執行法第 131 條修正前或修正後,均應適用修正後之規定而有執行力。

以下為進行開發時重要背景知識，可充實戰力。

保存登記建物

前面有提到保存登記建物跟未保存登記建物，那什麼是保存登記建物？什麼是未保存登記建物？

• 保存登記建物

所謂的保存登記建物就是有辦理「建物保存登記」的建物。「建物保存登記」又稱「建物所有權第一次登記」，是指新蓋好或既有建物，為了確保是誰的所有物，而向「地政機關」申辦登記所有權。

簡單來說，就是在地政事務所申請到建物登記謄本的建物，都稱作保存登記建物，而且建物所有權人都會取得建物所有權狀。

• 未保存登記建物

即是沒有跟地政機關申辦登記所有權的建物。這種建物在地政事務所無法申請到建物登記謄本，更不會有建物所有權狀。

那麼未保存登記建物，就一定是違建嗎？

答案是否定的，未保存登記建物不一定是違建喔！

因民國初期時，我國尚未頒布都市計畫法實施建築管理，所以房子興建完成後並不會辦理建物保存登記等程序。因此在頒布都市計畫法實施建築管理前所興建的建築物，現在於國稅局有稅籍證明之房屋，就屬於合法的未保存登記建物；反之，沒有稅籍證明的房屋，才會被歸類為違建。

　　因此於多數分割共有物訴訟中，未保存登記建物泛指有稅籍證明之房屋，惟該類型房屋通常因年代已久或年久失修，經認定為不具有經濟價值，故多數法官於分割共有物訴訟中，不會考量此種類型建物之保存，而係考量土地最大經濟效用而進行分割。

什麼是不動產？

　　民法第 66 條規定：「稱不動產者，謂土地及其定著物。不動產之出產物，尚未分離者，為該不動產之部分。」

　　依照法條規定，不動產指的是土地跟土地上的定著物，簡單來說就是沒辦法輕易整個移動的財產。又二者為分別獨立的不動產，而且各自可以成為交易的標的物。

　　那什麼又是定著物呢？房屋又一定要完工才可以成為獨立的不動產嗎？

　　依照最高法院 63 年度第 6 次民庭庭推總會議決議（一）決議要旨：「民法第 66 條第 1 項所謂定著物，係指非土地之構成部分，繼續附著於土地，而達一定經濟上目的，不易移動其所在之物而言。凡屋頂尚未完全完工之房屋，其已足避風雨，可達經濟上使用之目的者，即屬土地之定著物。」

　　最高法院 70 年台上字第 2221 判例意旨：「按民法第 66 條第 1 項規定，稱不動產者，謂土地及其定著物。所謂定著物，係指非土地之構成部分，繼續附著於土地，而達一定經濟上目的，不易移動其所在之物而言。如房屋之結構體業已完成，僅門窗尚未裝設及內部裝潢尚未完成，此項尚未完全竣工之房

屋，已足避風雨，可達經濟上之使用目的，即成為獨立之不動產，由原始起造人取得所有權。該所有權人倘基於法律行為欲移轉予第三人所有，自須辦理移轉登記，第三人始能取得所有權。不能以行政上變更起造人名義之方式，取得系爭房屋之所有權。」

依照上開實務見解，可以知道所謂的定著物就是指：

1. 非土地之構成部分（非成分性）。
2. 繼續附著於土地（繼續性）。
3. 不易移動其所在（固定性）。
4. 達一定經濟上目的（經濟性）。

意即非大自然本身所擁有的元素，而是後來人為所製造而繼續附著於土地上，達一定經濟上目的，不容易移動其所在的物品。例如：房屋、橋梁、魚池，甚至違章建築等皆是。房屋部分則不一定完工才可以成為獨立的不動產，只要足已遮風避雨，可達經濟上之使用目的，就已經成為獨立的不動產了。

土地上的樹算是獨立的不動產嗎？可以移轉所有權嗎？

最高法院 29 年渝上字第 1678 號民事判例意旨：「物之構成部分，除法律有特別規定外，不得單獨為物權之標的物。未與土地分離之樹木，依民法第 66 條第 2 項之規定，為土地之構成部分，與同條第 1 項所稱之定著物為獨立之不動產者不同。故土地所有人保留未與土地分離之樹木，而將土地所有權讓與他人時，僅對於受讓人有砍伐樹木之權利，不得對於更自受讓人受讓所有權之第三人，主張其有獨立之樹木所有權。」

最高法院 32 年上字第 6232 號民事判例意旨：「物之構成部分除法律有特別規定外，不得單獨爲物權之標的物，未與土地分離之樹木，依民法第 66 條第 2 項之規定，爲土地之構成部分，與同條第 1 項所稱之定著物爲獨立之不動產者不同，故向土地所有權人購買未與土地分離之樹木，僅對於出賣人有砍伐樹木之權利，在未砍伐以前未取得該樹木所有權，即不得對於更自出賣人或其繼承人購買該樹木而砍取之第三人，主張該樹木爲其所有。」

依照上開實務見解可得知，樹木在未與土地分離前，依照民法第 66 條第 2 項之規定爲土地之構成部分，所以不是獨立的不動產，而是視爲土地的一部分，所有權爲土地所有權人所有。又因爲樹木在未與土地分離前，不是獨立的不動產。所以向土地所有權人購買未與土地分離的樹木時，實際上並不能單獨取得樹木的所有權，只能算是你擁有砍伐或移栽樹木的權利。

漁塭、漁池爲什麼也是定著物？

依照最高法院 76 年度台上字第 2346 號判決意旨：「養魚池係以水泥鋼筋圍築而成之堅固物體，有固定性、永久性，費資頗鉅。在社會觀念上有獨立供人養魚使用之經濟效益，核與民法第 66 條第 1 項規定之不動產，及司法院大法官會議釋字第 93 號解釋，尚無不符。」所以漁塭、漁池也被認定爲定著物。

橋梁也是定著物嗎？

依照最高法院 90 年度台上字第 1178 號判決意旨：「承攬人承攬之工作如爲房屋建築，其就承攬關係所生之債權，即僅

對『房屋』部分始有法定抵押權。至房屋之基地，因非屬承攬之工作物，自不包括在內。橋梁之結構有固定性、永久性，且費資甚鉅，在社會觀念上有獨立供人行走之經濟效益，性質上應屬民法第 66 條第 1 項規定之不動產」，所以橋梁也是定著物喔。

一個題外話。司法院大法官曾針對輕便軌道是不是不動產而做出解釋，依照該解釋文，輕便軌道除係臨時敷設者外，凡繼續附著於土地而達其一定經濟上之目的者，應認為不動產。

司法院大法官釋字第 93 號理由書：「查民法第 66 條第 1 項所謂定著物指非土地之構成分，繼續附著於土地而達一定經濟上目的不易移動其所在之物而言，輕便軌道除係臨時敷設者外，其敷設出於繼續性者，縱有改建情事，有如房屋等，亦不失其為定著物之性質，故應認為不動產。」

國家圖書館出版品預行編目（CIP）資料

路與通行權、袋地解套：土地開發中通行權的
實際案例分享/王啓圳, 朱宏杰, 陳尚宏著. -- 初
版. -- 臺北市：書泉出版社, 2024.02
　面；　公分
ISBN 978-986-451-364-2(平裝)

1.CST: 土地使用權 2.CST: 土地開發 3.CST:
個案研究

554.49　　　　　　　　　　　112022089

3M8L

路與通行權、袋地解套：
土地開發中通行權的實際案例分享

作　　　者－王啓圳、朱宏杰、陳尚宏

編　　　者－洪漢妮

發 行 人－楊榮川

總 經 理－楊士清

總 編 輯－楊秀麗

副 總 編 輯－侯家嵐

責 任 編 輯－吳瑀芳

文 字 校 對－張淑端

封 面 完 稿－陳亭瑋、封怡彤

內 文 排 版－賴玉欣

出 版 者－書泉出版社

地　　　址：106 臺北市大安區和平東路二段 339 號 4 樓

電　　　話：(02)2705-5066

傳　　　真：(02)2706-6100

網　　　址：www.namode.com

電 子 郵 件：shuchuan@shuchuan.com.tw

劃 撥 帳 號：01303853

戶　　　名：書泉出版社

總 經 銷：貿騰發賣股份有限公司

電　　　話：(02)8227-5988

傳　　　真：(02)8227-5989

法 律 顧 問：林勝安律師

出 版 日 期：2024 年 2 月初版一刷
　　　　　　2024 年 4 月初版二刷

定　　　價：新臺幣 400 元

經典永恆・名著常在

五十週年的獻禮 —— 經典名著文庫

五南，五十年了，半個世紀，人生旅程的一大半，走過來了。

思索著，邁向百年的未來歷程，能為知識界、文化學術界作些什麼？

在速食文化的生態下，有什麼值得讓人雋永品味的？

歷代經典・當今名著，經過時間的洗禮，千錘百鍊，流傳至今，光芒耀人；

不僅使我們能領悟前人的智慧，同時也增深加廣我們思考的深度與視野。

我們決心投入巨資，有計畫的系統梳選，成立「經典名著文庫」，

希望收入古今中外思想性的、充滿睿智與獨見的經典、名著。

這是一項理想性的、永續性的巨大出版工程。

不在意讀者的眾寡，只考慮它的學術價值，力求完整展現先哲思想的軌跡；

為知識界開啟一片智慧之窗，營造一座百花綻放的世界文明公園，

任君遨遊、取菁吸蜜、嘉惠學子！